리더의 품격

열린북

프롤로그

　리더, 리더십이란 단어는 어릴 때부터 가정에서, 학교에서, 직장에서 뿐만 아니라 우리가 살아가는 어느 곳에나 있는 작고 큰 모임에서 너무도 많이 들어온 단어이다. 그만큼 우리가 살아가는데 있어서 중요하고 꼭 필요한 단어이기 때문일 것이다. 무슨 일이 잘되면 "거기 리더가 워낙 잘 리드하잖아."라든지 아니면 무슨 일이 안 될 때는 "거기 리더가 워낙 리더십이 없어서 그런 거야." 등등 이런 말들을 많이 들었을 것이다.

　그렇다면 과연 리더십이란 어떤 것일까? 한마디로 정의를 해보라고 한다면 '타인에게 긍정적인 영향을 주는 행동으로 타인의 행동 변화를 이끌어 내는 것'이라고 말하고 싶다. 즉 리더를 보면서 부정적인 감정을 느껴서 잘못된 생각과 행동을 하는 것이 아니라 긍정적인 영향을 받아 어느 장소, 어느 모임에서나 긍정적인 사고와 행동을 유발시키는 것이다. 이러한 리더십이 중요하며, 리더마다 그 사람만의 품격이 있다는 것을 알 수 있다. '품격' 다른 말로 표현한다면 '리더의 사람 됨됨이'라고 정의하고 싶다. 리더십이 있다고 해도 본인밖에 모르는 리더십이 있거나 성격이 원만하지 못해서 리더라고 부르기도 힘든 리더도 많이 있다. 그 사람의 사람 됨됨이가 타인을 배려하지 못하고 생각하는 것마저 작게만 바라보는 사람을 보면서 '아 이분은 옷을 너무 큰 것을 입어서 옷이 맞지 않는구나.'란 생각으로 안타깝게 직장생활을 한 시간이 많이 있다.

리더마다 리더십이 매우 중요하고 그 리더의 몸에 맞는 즉 리더의 품격을 갖춘 리더가 아쉬운 현실이다.

 필자가 35여년의 직장생활을 하면서 언제 어디서나 가장 필요한 능력이 리더십이었다고 감히 말할 수 있을 정도로 리더십은 중요했고, 직장에서는 높은 직급뿐만 아니라 하위직급에서도 중요하였으며 직급이 올라갈수록 더욱 필요해지는 능력도 리더십이다. 그렇다면 과연 리더십을 갖추는 것은 힘든 일일까? 흔히 리더는 타고 난다는 말이 있다. 물론 타고 나는 리더도 있겠지만 어느 정도 후천적인 교육과 본인의 노력에 의해서도 얼마든지 갖출 수 있는 능력이라고 생각한다. 필자의 학창시절을 되돌아보면 필자는 사람들 앞에 나서는 일을 매우 싫어했다. 성격 자체가 누가 리드를 하면 조용히 따라주는 성격이었기 때문에 대중 앞에서 말을 하게 되면 얼굴색도 변하고 목소리가 떨려서 발표라든지 친구들을 리드해서 무언가를 실행하는 것을 많이 싫어하였다.

 오래된 이야기지만 학창시절엔 앞에서 반 친구들을 이끌기보다는 누군가 앞에서 의견을 말하면 맞는 의견일 경우 잘 따라주던 학생이었다. 하지만 직장생활을 하고 직급이 올라가면서 본인의 의도와는 관계없이 자연스럽게 리더의 상황이 되는 시간이 많아지면서 리더십에 관심을 갖고 책을 보면서 공부를 하게 되었고 리더십은 말이 아닌 행동으로 상대방을 배려하면서 리드하는 행동이라는 것을 알게 된 것은 그리 오랜 시간이 필요하지 않았다.

 리더십이란 '말로 떠드는 것이 아니라 본인의 행동과 직접 연관되고 어느 자리에서의 리더이건 그 자리에 맞는 리더의 품격이 필요하다.'는 것을 느끼면서 오랜 시간 직장생활을 해왔다. 어렵게

만 생각할 수 있는 리더십이란 단어! 그리고 리더는 품격이 있어야 한다는 말들! 이런 것을 실행하는 것은 그리 어렵지 않다. 상대방에게 관심을 갖고 상대방에 대한 배려심으로 가족이, 친구가, 조직원들이 앞으로 나아갈 길을 만들어 주면 되는 것이다. 특히 본인을 먼저 생각하는 것이 아니라 조직을, 그리고 부하직원을 먼저 생각하면서 부하직원의 말을 잘 들어주고 직원들과 하나가 되어서 업무를 추진할 때, 직원들이 믿고 따르는 리더가 되는 것이다.

시중에 나와 있는 리더십 관련 서적을 보면서 많은 공감을 하지만 구체적인 상황과 사례가 없고 이론에 치우쳐 있다 보니 어떻게 실천해야 하는지에 대해 갈증을 느끼던 차에 직장에서 리더들을 관찰할 수 있는 5년이란 귀중한 시간이 주어졌다. 리더가 옷에 걸맞은 품격이 묻어나는 리더도 있었고 리더의 옷은 입었지만 그 옷이 맞지 않아 조직과 구성원들에게 부정적인 영향을 끼치던 무늬만 리더인 경우도 볼 수 있었다.

특히나 영업부서였기 때문에 리더의 태도와 행동에 따라 성과가 어떻게 달라지는지 뚜렷하게 판칠해 볼 수 있었다. 처음 한동안은 직원들을 다그치고 자신의 아집만을 고수하는 리더의 실적이 좋게 나타나지만 장기적인 측면에서는 직원을 배려하며 올바르게 이끈 리더가 승리하는 것을 보면 직장생활 역시 사람을 남기는 일이기 때문이다.

단기적인 성과에만 연연하는 것은 정상적인 영업보다는 비정상적인 영업을 야기하기도 하고 직원들과의 많은 갈등을 야기한다. 그러나 아직까지 많은 조직에서 단기성과에 치우쳐 있는 부분이 아쉬움으로 남는다.

전국의 영업점을 다니면서 많은 리더들을 관찰 해보았던 시간을 생각해보면 그렇게 좋은 리더는 많지 않았던 기억이다. 그것은 단기성과를 창출해야 하는 영업의 특성 때문일 수도 있지만 리더 스스로 단기성과에만 매몰되어 직원들을 본인의 아랫사람으로만 생각하고 스스로 리더라는 커다란 문에 들어가 있었기 때문이다.

이 책은 필자가 직장생활을 하면서 리더가 되기 전 다른 리더들과의 관계에서 직접 겪은 일들, 교육을 다니면서 보았던 여러 유형의 리더들, 리더가 된 후 리더의 입장에서 바라본 직원들의 행동에 대한 사례서이다. 즉 리더의 입장과 직원의 입장에서 서술한 것이다. 이 사례들은 우리의 일상에서 아주 사소하게 일어날 수 있는 일들이며, 리더의 입장에서 보면 아무렇지 않게 넘길 수 있는 일들이지만 조직원의 입장에서 보면 마음이 상하고 성과창출을 위한 동기부여란 단어를 지우게 할 수 있는 사례들이다.

좋은 리더와 나쁜 리더는 아주 작은 생각과 행동의 차이에서 나타난다. 좋은 리더가 된다면 직원들의 영업에 대한 동기부여는 물론 영업성과까지 거머질 수 있다. 사례들이 어렵지 않기 때문에 지금 당신이 리더라면 혹시 내가 저렇게 하지는 않았는지 한 번 생각해보고 좀더 좋은 행동을 실천해 보는 것이 어떨까 한다. 무심코 던진 돌에 개구리가 죽을 수 있다는 말이 있다. 무심코 던진 리더의 말 한마디에 마음의 상처를 받고 힘들어 하는 직원들을 많이 볼 수 있다. 성과가 나지 않으면 직원들을 먼저 탓하는 리더들이 많은데, 직원들을 탓하기 전에 리더 본인의 말과 행동을 되돌아보면서 과연 리더가 리더십을 갖추고 직원을 리드했는지 아니면 말로만 외치는 리더였는지 생각해보는 것이 중요하다.

예전에는 직장에서 리더가 "나를 따르라." 하면 같이 일하는 직원들은 그냥 '나 죽었소'하고 모든 직원들이 따라왔지만 지금은 다양한 사고와 다양한 연령층의 직원들로 구성되어있어 소통이 아닌 명령만으로는 직원들을 리드하는 것이 쉽지 않다. 리더가 진정 직원을 배려한다면 불통이 아닌 소통으로 직원들을 잘 리드해야 한다. 가끔 리더들을 보면 리더 스스로는 늘 소통이라고 외치면서도 본인의 말만 하고 직원의 말에는 귀를 막고 눈을 가리면서 소통이 안 된다고 하는 리더도 많이 볼 수 있다. 소통은 일방이 아닌 쌍방이기 때문에 리더 혼자서 지시하고 나를 따라오라는 것은 소통이 될 수 없다.

직원들과 함께 가야하는 길임에도 불구하고 우리의 현실은 직원들의 생각이 배제되고 리더의 생각대로만 일처리되는 경우가 많이 있다. 작은 배려가 결국은 직원의 큰 성과, 조직의 큰 성과로 돌아온다는 생각으로 직원을 조금만 배려해주는 리더가 되었으면 하는 마음이다. 또 한가지 리더가 아무리 리더십이 훌륭해도 조직을 혼자의 힘으로 이끌 수 없고 직원들과 함께할 때 더 좋은 성과를 창출하는 것을 알 수 있다. 결국에 조직의 성과는 리더의 리더십도 중요하고 리더의 가치를 이해하고 리더가 잘못된 선택을 하려고 할 때는 그 선택을 다시 한 번 생각할 수 있도록 직언을 할 수 있는 직원이 있어야 하고 리더를 믿고 따르면서 함께 할 수 있는 직원이 절대적으로 필요한 것이다.

2021년 3월에

박 미 선

프롤로그

제1장 리더의 행동

01 초심을 잃지 말자 _ 17
02 마음이 급할수록 마음을 가다듬자 _ 21
03 리더는 시간을 잘 지켜야 한다 _ 25
04 50분간의 마무리 인사 _ 29
05 리더는 술로 흐트러지지 말자 _ 33
06 친구를 위하고 직원을 이용하는 리더는 되지 말자 _ 37
07 리더는 표정관리를 잘해야 한다 _ 40
08 리더라고 잘못이 무용담이 될 수는 없다 _ 46
09 인맥을 과시하지 말자 _ 50
10 리더외 고개이면 더욱 기본을 지키게 하자 _ 55
11 지난밤 일은 나타내지 말자 _ 59
12 쓸쓸한 리더의 뒷모습 _ 62
13 사무실 경비로 생색은 내지 말자 _ 66
14 중간리더(팀장)를 잘 파악하자 _ 71
15 자율적으로 움직이는 조직을 만들자 _ 75
16 직원 개개인을 파악하는 리더가 되자 _ 80
17 리더의 일을 하자 _ 84
18 권한을 위임했으면 믿어주자 _ 88
19 위임을 했으면 기다려 주자 _ 92
20 업무를 담당한 직원에게 질문을 하자 _ 96

제2장 리더의 배려

01 직원을 배려하자 _ 103
02 리더의 배려는 진실을 유도한다 _ 108
03 본인 퇴근만 자유로운 리더는 되지 말자 _ 112
04 퇴근 준비하는 직원에게 회의나 번개하자고 하지 말자 _ 117
05 포상도 직원을 배려하자 _ 121
06 생일축하도 직원의 배려가 중요하다 _ 125
07 회식도 직원을 위하는 회식이 되자 _ 129
08 직원의 호칭을 부르자 _ 134
09 화가 난다고 화풀이를 직원에게 하지 말자 _ 137
10 직원의 변화된 행동에는 이유가 있다 _ 141
11 직원들의 퇴근시간을 배려해 주자 _ 144
12 작은 배려는 직원을 감동시킨다 _ 148
13 따스한 말 한마디가 직원을 움직인다 _ 153
14 직원을 위한 송별회를 준비하자 _ 156
15 같이 일하는 직원을 챙기는 리더가 되자 _ 159
16 직원의 단합행사는 직원입장에서 진행하자 _ 162
17 직원이 기쁜 마음으로 하는 일은 효과가 배가 된다 _ 167
18 부하직원과의 점심도 사전에 약속하자 _ 171
19 월요일 아침에는 화를 내지 말자 _ 176
20 영업을 같이 간 직원에게 부끄러운 리더는 되지 말자 _ 181

제3장 리더의 공감, 소통

01 직원들의 진실된 마음을 읽는 리더가 되자 _ 187
02 커뮤니케이션은 공감이며 소통이다 _ 192
03 죽을 만큼 일하라고 말하는 리더 _ 195
04 직원 면담은 고충을 먼저 들어줘라 _ 199
05 창의적인 직원을 만들자 _ 203
06 리더의 방향 제시가 중요하다 _ 207
07 업무 지시는 정확히 하자 _ 210
08 공과 사는 구별하는 리더가 되자 _ 213
09 직원의 업무 스타일 파악이 중요하다 _ 216
10 업무분장을 잘 파악하고 지시하는 리더가 되자 _ 220
11 나무를 보는 리더가 되자 _ 224
12 직원의 말에 경청하는 리더가 되자 _ 228
13 직원의 장점을 바라보자 _ 233
14 평소에 열심인 직원의 사기를 격려하자 _ 237
15 변화에 적응하는 리더가 되자 _ 240
16 리더도 말을 할 때는 준비가 필요하다 _ 244
17 회의시간에는 경청하는 리더가 되자 _ 247
18 리더가 생각한 답이 있으면 그 답을 말해줘라 _ 251
19 잘못을 시인하는 리더가 되자 _ 254
20 작은 성과에 태도를 바꾸는 리더는 되지 말자 _ 259

에필로그

제1장
리더의 행동

01 초심을 잃지 말자

> 직원 : 부장님! 이 방법은 지난번에 했었는데 전혀 성과가 없었습니다. 의견을 모아서 다른 방법으로 시도해보는 것은 어떨까요?
> 리더 : 뭔 말이 많아? 시키면 시키는대로 하지!
> 직원 : 예 알겠습니다. (속으로 : 괜히 말했네)

  같이 잘 지내던 동료가 승진을 해서 리더가 되면 항상 기도하는 마음이 생기는 버릇이 있다. 지금처럼 옆의 좋은 동료였던 마음이 변하지 않고 리더가 되어서도 직원을 생각하는 마음을 지니고 행동했으면 하는 마음이다. 하지만 '자리가 사람을 만든다는 말이 틀리지 않구나.' 하는 생각이 항상 지배적이다. 이상하리만큼 리더가 되면 행동이 변한다. 직원의 입장을 조금도 생각하지 않고 오로지 본인의 생각대로만 행동한다. 그렇게 행동하면 안된다고 그게 아니라고 직원의 입장을 조금만 생각해 달라고 요청을 해봐도 듣기만 할뿐 실천은 본인의 생각대로 하는 것이다. 최고의 리더가 된 지 불과 하루도 지나지 않았는데 행동이 변하는 리더를 너무도 많이 볼 수가 있다.

그래서 리더가 된 사람들에게 가장 먼저 하고 싶은 말이 항상 "초심을 잃지 말자."이다. 불과 어제까지 우리 리더의 행동이 틀린 것이라고 직원들과 같이 소주잔을 기울이며 소리 높여 외치던 사람이었는데 정작 본인이 리더가 되면 본인이 그렇게 욕하던 리더의 행동과 똑같은 행동을 하는 경우를 무수히 많이 보면서 그렇게 하는 것은 직원들에게 힘이 되지 않는 행동이라고 말을 해줘도 본인이 맞다고 하는 것은 무슨 이유일까? 그것은 리더가 초심을 잃어버리고 직원들을 생각하기 전에 본인의 위엄을, 본인의 자리를 먼저 생각하기 때문이다. 그러면서 조직이 다시 '그 나물에 그밥'이라는 조직으로 지속되는 것이다.

이제는 변해야 한다. 리더 본인의 입장보다는 직원의 입장을 먼저 생각해보고, 본인이 리더가 아닌 일반 직원이었을 때, 느꼈던 생각을 해보면서 어떻게 하면 "직원들이 힘을 내고 즐겁게 일할 수 있는 조직을 만들 수 있을까?"를 고민하고 실천해보는 것이 진정한 리더인 것이다. 리더가 리더 본인을 먼저 생각하는 것이 아니라 직원들의 입장을 먼저 생각해준다면 리더의 고마운 마음을 직원들이 느낄 수 있고 그 고마운 마음을 지니고 더 열심히 일하지 않겠는가? 예전에 같이 근무했던 리더가 본인의 입장과 본인의 승진만을 생각해서 직원의 마음을 고려하기보다는 지속적인 실적독촉과 직원들의 마음에 상처를 남기는 말들을 하면서 실적을 올렸다. 물론 어느 위치까지는 그 리더도 승승장구하면서 올라갔지만 오래 버티지 못하고 퇴직하는 것을 보았다.

시대가 변한 지금 직원들의 입장과 마음은 아랑곳하지 않고 예전에 같이 근무하던 배려없는 리더처럼 직원들을 닦달해서 실적을 올려 리더 본인만 성공해야겠다는 생각은 버리고 뚜렷한 철학을 가지고 직원들을 진정으로 생각해주는 존경받는 리더가 되려고 노력해보자. 그런 리더의 마음을 직원들이 느끼면 직원들은 더 열심히 최선을 다해서 일을 하고 실적거양을 위해서 노력할 것이다.

  우리는 리더가 되기 전에 항상 마음속으로 본인이 원하는 리더의 상을 생각하고 있을 것이다. 자리가 바뀌어도 절대 초심을 잃지말고 늘 마음속으로 그리던 참 리더의 모습을 발휘하자. 리더가 아닐 때 보았던 잘못된 리더의 행동이라고 생각했던 것, 그리고 리더의 잘못된 생각이라고 느꼈던 일은 따라하지 말자. 사람이 느끼는 것은 모두 같지 않겠는가? 힘든 것은 힘든 것이고 즐거운 것은 즐거운 것이다. 이것은 누구에게나 같은 마음이다. 초심을 잃지 않는다는 것은 매우 어려운 일이다. 그럼에도 불구하고 늘 초심을 잃지 말고 존경받는 리더가 되도록 노력하는 것 또한 리더의 자세인 것이다.

▶ 리더의 자리에 올라보면 그 자리가 무척 외롭다는 생각을 많이 하게 된다. 직원들의 성과가 나쁘다고 매일 잔소리를 할 수도 없고, 영업실적이 저조하다고 매일 실적얘기를 하기도 어렵다. 그런 어려운 일들을 그 누구에게 터놓고 말을 할 수도 없으며, 직원들 앞에서는 웃으면서 말을 하지만 속으로는 눈물을 흘리는 리더들도 많이 있을 것이다. 리더가 추구하는 일이 합리적이고 전 직원에게 유리한 일이라면 직원들은 리더의 마음을 읽고 리더가 하려는 의중대로 움직이는 직원이 되자.

  특히 중간 관리자라면 좀 더 능동적인 행동으로 리더가 지시하지 않더라도 직원들을 리드해서 좀 더 성과를 올릴 수 있도록 고민하는 것이 매우 중요하며, 우리 직원들은 하루하루 출근해서 그냥 일처리만 하고 돌아가는 일이 없도록 하루의 영업목표를 세우고 그 목표를 이루고자 노력하는 직원이 되도록 하자.

 하루를 마감하고 직원들의 영업성과를 보면 여러 가지 생각이 든다. "이 직원은 오늘 정말 열심히 했구나!" 아니면 "좀 더 할 수 있는 능력 있는 직원인데 좀 아쉬운 면이 있네." 등등……. 리더가 초심을 잃지 않고 열심히 하는 리더라면 우리 직원들도 좀 더 잘하려고 노력하는 것이 한 배를 탄 조직의 성과를 올릴 수 있는 방법이다. 리더의 자리에 있으면 어느 직원이 열심히 하는지 어느 직원이 열심히 하지 않는지 다 보인다는 말이 있는데 이 말은 사실이다. 뒷자리로 갈수록 앞에서 무슨 일을 하는지 다 보이기 때문이다. 리더가 보고 있기 때문에 열심히 하는 것이 아니라 업무시간에 최선을 다해서 열심히 한다는 것은 직원본인을 위하는 일인 것이다.

02 마음이 급할수록 마음을 가다듬자

> 리더 : 우리 부서에는 열심히 하는 직원이 없네.
> 다들 뭘 하는지 모르겠네? 나만 일하는 것같아...
> 김팀장! 아침, 저녁으로 회의 좀 하자.
> 직원 : 우리 부장님은 참 성격이 급해서, 금방 지시한
> 일을 5분도 안 돼서 닦달이시네. 조금 있으면
> 실적도 더 나올텐데...

처음 리더가 되면 마음이 급해진다. 빨리빨리 무엇인가 성과를 많이 올려야 할 것 같고, 리더 본인은 열심히 하는데 직원들은 움직이지 않는 것 같다. 실적이 팍팍 올라줘야 하는데 직원들은 관심이 없고 리더 혼자만 성과에 관심이 있고, 리더는 열심히 하는데 오히려 직원들은 천하태평이라고 리더는 생각한다. 무엇을 해야 하는지 정확이 알지도 못하면서 "나는 저 직원이 하는 것처럼 일처리를 하지 않고 다른 방식으로 성과를 많이 냈는데 왜 저 직원들은 성과를 못낼까?"라며 리더가 되기 전 본인이 성과를 낸 스토리를 매일 아침 직원들에게 말을 하면서 직원들에게 스트레스를 주는 초보리더가 되는 것이다.

물론 맞는 말일수도 있지만 영업은 그 조직이 처한 환경과 상황이 모두 다르기 때문에 어느 곳에서는 성과로 이어질 수 있는 일처리지만 어느 곳에서는 성과와 먼 일처리와 행동도 되기 때문에 예전의 상황을 그리워하며 매일 똑같은 과거실적이야기는 직원들에게 스트레스를 주는 일이 되고 만다.

같은 여건 같은 소속직원들이 아닌데 어찌 같은 성과가 창출될 수 있단 말인가? 직원들은 평소와 다름없이 영업실적을 거양하고자 열심히 일을 하고 움직이지만 잘되는 날이 있을 수도 있고, 잘 되지 않는 날도 있을 수가 있는데, 처음 리더가 된 리더는 직원들이 움직이지 않는다고 생각하면서 매일 아침, 저녁으로 회의를 하는 것을 볼 수 있다. 매일 시달리다시피 회의를 하는 시간이 지나면 직원들은 점차 지쳐가고, 나오던 영업성과까지 나오지 않게 되면서 점차 영업력이 약해지는 것을 볼수 있다.

'회의' 분명 중요하고 꼭 필요한 것이지만 주변여건과 영업점의 상황 파악과 고려없이 말로만 떠드는 회의는 직원들만 피곤하게 한다. 무엇을 어떻게 해야 실적이 오른다는 것을 직원들은 알고 있지만 회의를 할 때는 그것을 정확하게 말하지 않는다. 왜냐하면 말을 해도 리더의 성향에 따라서 업무가 왜곡되는 경우가 많고 분명 힘들게 업무를 추진해서 단기성과는 오르지만 길게 가지 못하기 때문이다. 그래서 리더는 말로만 하는 회의를 자주하는 것보다는 직원들이 움직일 수 있도록 리더다운 말과 행동으로 리드하는 것이 중요하다.

리더의 마음만 급하다고 실적이 오르는 것도 아니며, 직원들의 성과가 창출되는 것도 아니다. 리더 자신이 좀 더 마음을 가라앉

히고 직원들을 리드하는 것이 필요하다. 하지만 처음 리더가 되면 매일아침부터 회의를 하고 회의를 하면서도 본인이 과거성과를 낸 것에 대해서 같은말로 회의시간도 지키지 못하고 업무시작시간이 지나도록 회의를 하는 리더를 우리 주변에서 너무도 많이 볼 수 있다.

아침 시간에 직원들이 회의에 지쳐서 활기차게 시작해야 할 아침부터 녹초가 되어 업무를 시작하게 되는 것이다. 리더 본인이 예전에 어떤 방식으로 성과를 올렸다고 말을 하면서 성과를 강조하는 리더를 많이 볼수있는데 그것은 20년 전에 했던 영업방식을 말하면서 왜 예전처럼 하지 않느냐고 직원들을 힘들게 하는 일이 된다.

중간 리더가 있음에도 불구하고 최고의 리더가 늘 앞에 나서서 직원들에게 말을 하는 그런 초보리더는 되지 말자. 그렇게 하면 직원들은 언제 마음을 정리하고 언제 영업을 한단 말인가? 급할수록 돌아가라는 말이 있지 아니한가? 이 말은 처음 리더가 되면 꼭 필요한 말이라고 생각한다. 리디만 급한 마음을 가지고 급하게 행동한다고 해서 영업성과가 오르지 않음을 인지하고 직원을 믿고 정상적인 방법, 직원들이 의견을 내는 방법, 시대가 변했으니 시대에 맞는 방법 등으로 믿고 기다리고 격려하면서 업무를 추진하자.

주변의 환경파악도 필요하고 직원 개개인의 성향과 그 직원의 잘하는 업무와 못하는 업무 등등을 파악하고 지시하는 것이 효과적이다. 리더의 진실된 말과 행동만으로도 직원들은 움직이고 그 움직임이 영업성과라는 것으로 돌아온다. 업무파악도 중요하고 직원 개개인의 성향파악을 통해 직원에게 맞는 업무부여부터 차근차근 해보자. 우리가 성과를 내야할 주변여건을 살피고 어떻게, 어느 부분을 집중했을 때 성과가 날수 있는지를 파악해보자. 직원의 성과만을 독촉하는 그런 리더와 같이 근무하는 것은 영업현장에서 전 직원이 많은 어려움을 느끼게 된다.

▶ 처음 리더가 되면 영업에 대한 많은 부담을 느끼게 되고 낯선 곳에 발령을 받으면 그 부담이 배로 늘어난다. 우리 직원들을 보면 지속적으로 열심히 하는 직원도 있지만 리더가 말을 할 때만 성과를 내는 직원들도 많이 있다. 직장생활도 많이 했고 어린나이도 아닌데 그렇게 리더가 말을 할 때만 반짝 성과를 거양하는 것은 리더와 함께 한 배를 탄 직원의 자세가 아니다. 또한 이벤트성의 포상이 주어진 항목이나 상금이 주어질 때만 반짝 실적거양을 하는 직원도 있는데 이런 직원의 마음가짐은 직장생활을 하면서 과연 맞는 행동인지 한번 생각해 보는 것도 필요하다.

리더가 방향을 제시하면 성과를 독촉하지 않더라도 영업성과를 알아서 창출하는 책임감있는 직원이 되자. 리더의 눈으로 보면 어느 직원이 열심히 하는지, 어느 직원이 조금 덜 열심히 하는지 옆에 있는 직원보다도 더 잘보인다. 리더의 눈치를 보면서 마음 내키면 성과를 내고 마음이 내키지 않으면 성과를 내지 않는 그런 직원은 되지 말자. 여지껏 리더생활 중에서 그렇게 반짝 성과를 내는 직원이 제일 아쉬웠다. 매일 똑같은 마음으로 성과를 내기 위해서 스스로 노력하는 직원이 되자. 스스로 노력하는 직원들이 점점 아쉬워지는 것은 시대적 흐름이라고 생각해야하는 것인가?

03 리더는 시간을 잘 지켜야 한다

> 리더 : (약속된 시간보다 늦은 리더) 뭐 별로 할 일도 없을 텐데 밥이나 먹으로 가자. 내가 리더인데 좀 늦는다고 뭔 일이 안되겠어?

사무실에서 아침에 비상소집을 하는 경우가 있다. 모든 중간관리자 이상 리더 포함 7시까지 출근이라고 한다. 새벽부터 일어나서 준비하고 6시 40분에 출근을 했다. '7시면 모두 출근하겠지' 생각하면서 업무준비를 하고 있다 보니 시간은 7시 20분을 향하고 있었고 그제서야 느긋하게 출근하는 리더를 볼 수 있었다. 출근하자마자 "별일 없을 텐데 밥이나 먹으러 가야지"하면서 아침식사를 하러 가는 것이었다. 리더 본인이 전날 "본인 포함 모두 7시까지 출근해야 합니다."라는 말은 누구를 향한 외침이었는지 묻고 싶어졌다. 리더는 시간개념이 철저해야 한다. 리더 본인의 시간도 지키지 못하면서 무슨 리더십으로 직원들을 리드한다는 말인가? 이런 상황에서 리더가 시간을 지키지 않으면 직원들은 왠지 황금같은 아침시간을 손해 봤다는 생각을 하게 되는데 직원에게 이런 생각을 하게 하는 것은 리더의 자세가 아니다. 직장생활을 하다보면 늘 시간에 쫓기듯이 생활하게 되며, 잠깐 잠깐 시간을 내어 일을 하거나 마무리하는 경우가 종종 있다.

특히 요즘 젊은 직원들은 더욱더 시간을 알뜰히 사용하는 경우도 볼 수 있다. 리더가 시간 개념을 생각하지 않고 행동하거나 말한다면 직원들은 스트레스를 받는다. 리더는 직원의 시간도 소중하게 생각해주며 시간을 활용하여 업무에 생산성을 높일 수 있도록 하는 것이 중요하다. 특히 리더는 출퇴근 시간을 지키는 것도 중요하다. 보통조직에서 직원들은 리더가 출근하기 전에 출근하고 리더가 퇴근을 하면 퇴근하는 분위기가 전반적이다. 물론 요즘은 워라밸('일과 삶의 균형'이라는 의미인 'Work-life balance'의 준말)로 많이 변화하고 있지만 예전에는 늦게까지 일하는 사람이 일을 잘하는 것이고 그런 사람이 조직에 충성한다는 분위기였다. 하지만 지금은 업무 중에 열심히 영업성과를 올리고 퇴근시간이 되었을 때 본인의 일이 마무리가 되었으면 퇴근하는 것이 거스를 수 없는 사회적 분위기다.

예전에 같이 근무하던 리더들의 사고방식은 '늦게 퇴근하는 직원이 일을 잘하는 직원'이라고 생각했다. 그러면서 리더 본인 역시 퇴근을 하지 않고 개인적인 전화를 한다거나 지인을 만나는데 사무실 밖에서 만나는 것이 아니라 모든 직원들이 있는 사무실로 불러서 지인과 함께 늦게 퇴근을 하기도 했다. 리더의 이런 행동은 직원들에게 '오늘도 우리 리더는 늦게 퇴근을 하겠네.'라는 생각을 하게 하면서 직원 역시 빠른 마감을 하지 않는다. 이 얼마나 어리석은 리더의 행동이고, 비생산적인 일의 방식인가? 업무 중에 최선을 다해 일을 한 직원들은 퇴근도 못하고 인터넷을 보거나, 앞의 마트에 가서 장을 보면서 리더의 퇴근을 기다리는 것이다.

요즘은 시대가 많이 변했다. 주 52시간 도입으로 직원들을 가정에 양보하라는 기사도 있고, '저녁은 가족과 함께'라는 기사도 쉽게 볼 수 있다. 이제는 기업도 변해야 하고 리더도 변해야 한다. 일하는 시간당 노동생산성을 높여서 오래 일을 하지 않아도 업무효율성을 높여야 한다. 지금까지 오래 일을 하면서도 업무효율성이 낮았던 것은 기업의 불합리한 근로 문화일수도 있지만 작은 조직에서는 리더가 어떤 사고 방식을 지니고 있느냐에 따라서 일하는 방식이 바뀔 수 있는 것이다. 리더가 업무 중에 열심히 일하고 가정에서 재충전을 하자는 사고방식이라면 직원 모두가 업무 중에 열심히 일을 할 것이고, 리더의 생각이 위에서 보듯이 늦게 가는 직원이 일을 잘하는 직원이라는 잘못된 사고를 가지고 있으면 조직문화는 잘못된 문화로 가는 것이다. 잘못된 조직문화뿐만 아니라 늦은 퇴근으로 직원들은 지쳐가게 된다.

업무는 업무 중에 확실하게 하고 할 일없이 사무실에 앉아 있는 모습은 리더부터 변해야 한다. 업무 중에는 무슨 일을 하는지도 모르게 왔다 갔다 하다가 직원들 퇴근도 못하게 하는 리더는 되지 말자. 그런 리더를 보면서 직원들은 이런 말을 하게 된다. "업무 중에는 일하지 않고 퇴근도 안하면서 직원의 시간을 담보로 리더만 즐기고 있구나."라는. 리더의 출퇴근시간이 어느 정도 예측이 되어야 직원들도 시간계획을 세울 수 있다. 변화하는 시대에 직원만 변하라고 하지 말고 리더가 확실한 시간개념을 지니고 실천하는 것이 매우 중요하다.

▶ 사무실의 일하는 풍경이 많이 변했다. 예전 같으면 일이 있으면 일이 끝날 때까지 일하는 분위기였지만 요즘은 그렇게 오랜 시간 일을 할 수가 없다. 주 52시간근로가 생기면서 다양하게 변화하는 직장의 풍경 속에서 가끔은 '어떻게 일을 하는 것이 효율적일까?'라는 생각을 많이 하게 된다.

리더의 시각으로 봤을 때 업무 중에 열심히 하는 직원이 있는 반면 본인도 빠른 업무처리를 하고자 하는 마음은 있지만 업무처리가 느린 직원도 있다. 일처리가 느린 직원은 본인도 답답하겠지만 리더의 입장에서 봐도 조금은 답답한 면이 있다. 이럴 때는 본인 스스로 출근을 해서 어영부영 보내는 시간을 줄이고 남들보다 먼저 일처리를 한다든지, 전산이 필요없는 업무에 대해서는 짜투리 시간 등을 이용해서 조금씩 발전하는 모습이 필요하다.

규정에 있는 쉬는 시간은 모두 지키고 효율적인 일처리도 안되면서 그것이 모두 휴가와 연동되면 리더 입장에서도 어려움이 많다. 리더가 시간을 지키는 것도 중요하지만 직원도 시간을 잘지키는 것이 중요하다. 아침에 문여는 당번인데 늦잠을 자서 모든 직원을 기다리게 한다든지 회의가 예정되어있는데 늦게 출근하는 행동 등은 삼가야 한다. 시간을 지키는 것은 리더나 직원이나 예외가 없는 것이다. 시간을 지키는 일은 나와 상대방을 배려하는 행동인 것이다.

04 50분간의 마무리 인사

> 리더 : (잔뜩 취해서) 아직 자정도 안됐네. 이제는 우리집 아이 이야기를 해볼까 해요. 요즘 공부를 안해서 걱정이란 말이지, 또 엄마랑 싸우는 일도 자주 있고 나를 안 닮은거 같아.
> 직원 : 아 너무 피곤하다. 대체 부장님의 마무리 인사는 매번 끝이 없을까? 집에 가면 할 일도 많은데…

술에 흠뻑 취해서 했던 말 또 하고 본인만 흥에 겨워서 50분간 말한 리더의 마무리 인사 중요 포인트는 "즐겁게 생활하자."였다. 리더의 시간개념이 전혀 없는 모습이다. 리더는 본인의 시간관리도 중요하지만 직원들의 시간관리도 중요하다. 마무리인사를 한다면 깔끔하게 직원들에게 뭔가 남을 수 있는 말을 임팩트하게 강조하고 마무리 하는 것이 직원들 마음에 오래 남았을텐데 예전에 같이 근무한 리더는 저녁을 다 먹고 "마무리인사를 하겠습니다." 라고 시작한 마무리 인사를 마치는데 50분이란 시간이 지났다.

끝낼 듯 끝낼 듯 시간을 보면서 "어 12시가 아직 안됐네." 이런 말까지 하면서 시간을 끌고 아무도 듣고 싶지 않은 가정사(리더와 아들의 불협화음에 대해서)를 말하면서 또 시간이 지나고 술에 너무 취해서 발음도 정확하지 않고 서 있는 모습도 비틀거리는 불안한 몸짓으로 무슨 말을 하는지도 모르게 하던 마무리인사가 직장생활을 하고 회식을 하면서 본 최악의 마무리 인사시간이었다.

 모여 있던 직원들이 겉으로는 웃고 있지만 그것이 정말 듣기 좋고 즐거워서 웃고 있었을까? 가정생활을 하는 직원들인데 늦은 시간 집으로 들어가면 바로 잠을 잘 수가 있을까? 또 무엇인가의 가정생활을 해야 하는 직원들이다. 하루 종일 일하고 모인자리면 직원들이 얼마나 피곤하겠는가? 가정으로 돌아가서 잠시라도 쉬고 다음날 출근을 해야 업무능률이 오르지 않겠는가? 즐겁게 직장생활을 하자고 말로 외친다고 즐거워질 수 있을까? 말로 외치지 않아도 직원의 마음을 조금만 배려해 준다면 충분히 즐거운 직장생활이 될 수 있다.

 아무리 리더라도 직원들의 시간까지 마음대로 써버리는 것은 직원에 대한 예의가 아닌 것이다. 무슨 모임을 하더라도 어느 정도의 시간이 되면 '이 일정이 끝나겠구나.' 예상되어야 직원역시 그 다음 시간의 계획을 세울 수가 있다. 또한 리더라면 직원들 앞에서 말을 할 때는 준비를 해서 정확하게 전달을 해야 한다. 모임을 주도하면서 아무런 준비도 없이 술과 잡담만 이어진다면 그것은 리더의 모습도 아니고 그 모임에 참석한 직원들의 시간 역시 낭비가 되는 것이다. 어떤 모임이든 모인시간 자체를 아까워하는 직원이 없어야 하고 모임의 정확한 주제를 담은 말을 전달해야 직원들이 시간낭비라는 생각을 하지 않고 리더를 리더답게 볼 수 있다.

 내가 리더니까 내 마음대로 모든 것을 해야 한다는 생각은 버리고 이제는 직원을 배려하는 리더로 거듭나자. 50분간의 마무리인사를 했던 리더는 직장생활을 하면서 처음이자 마지막으로 본 리더였다. 후일 어느 자리에서 그 리더에 대한 소문을 들었을 때 '역시 사람은 변하지 않는구나.'라는 생각도 많이 했던 리더였다. 직원의 시간을 리더마음대로 쓰지는 말자. 직원들에게 시간을 돌려주는 것이 무엇보다도 값진 선물이 될 것이다.

▶ 리더가 되면 직장의 분위기를 위해서 리더 본인이 싫어도 직원들과 회식을 하게 된다. 시간을 쪼개어 쓰는 필자에게 회식은 많이 부담스러운 자리였지만 리더이기 때문에, 또 직원들이 원하기 때문에 종종회식을 했다. 그렇게 회식을 할 때는 언제나 직원들에게 먼저 공지하고 2주정도 전에 회식날짜를 잡았고 회식 시작시간과 끝나는 시간을 미리 정해서 회식을 했다. 그렇게 회식을 하니 직원들이 회식을 좋아했고 회식을 하자고 직원들이 먼저 건의하는 경우가 대부분이었다.

어떤 리더들은 회식 때도 실적이야기만 해서 회식인지 실적이 안 좋아서 꾸중을 듣는 시간인지 직원들이 부담스러운 회식도 있다고 한다. 회식 때만큼은 실적이야기보다는 좀 더 즐거운 직장생활을 위한 즐거운 시간이 될 수 있도록 하고, 회식도 번개처럼 갑자기 리더 편한 시간에 정하지 말고 회식날짜와 끝나는 시간도 미리 공지하여서 직원들이 싫어하는 회식은 가급적 삼가 하자. 직장생활을 하면서 많은 직원들이 힘들어 하던 부분이 직장회식이다. 예전처럼 직장에서 저녁을 해결하고 집에 가는 직원보다는 직원모두가 빠른 귀가로 자기계발을 선호하고 또 가정이 있는 젊은 직원들은 자녀를 돌봐야하는 시간이 필요하기 때문이다. 직원들이 편하고 즐겁게 참석할 수 있는 회식문화를 만들도록 우리 리더들의 노력이 필요한 때이다. 특히 번개모임을 할 때는 참석이 어렵다는 직원에게는 기분 좋게 먼저 보내주는 리더가 되도록 하자. 말은 번개 모임이면서 참석하지 않는 직원으로 기억하고 직원을 미워하는 리더는 되지 말자.

05 리더는 술로 흐트러지지 말자

> 리 더 : 김팀장 오늘 직원들하고 술이나 한잔 하자? 다들 가자고 해.
> 직원1 : (속으로 오늘 집에서 일찍 오라고 했는데…) 네 부장님 저도 술이 땡기는 날입니다.
> 직원2 : 오늘도 또 술이네, 어제 먹은 술도 덜 깬거 같은데…
> 리 더 : (술자리에서) 어서들 먹어. 역시 술이 최고야. 술을 먹어야 삶의 의미가 있다니까.
> 직원3 : 우리 부장님은 댁에 가시는게 무지 싫으신가봐. 왜 맨날 술을 먹자고 하시지? 댁에서 저녁을 안 주시나 … 아님 댁에서는 아무도 부장님 말씀을 듣는 사람이 없나봐.

리더가 술을 매우 좋아하는 사람일 수 있다. 먹는 음식이기에 나쁜 거라고 말할 수는 없다. 하지만 술을 먹고 흐트러진 모습을 직원들에게 보이지는 말자. 가끔은 술을 먹고 서로 흐트러진 모습을 봐야 정이 더 든다고 말하는 사람도 있지만 그것은 단지 술을 먹기 위한 핑계라는 생각이다. 술을 먹고 정이 든 사례보다는 술을 먹고 이성을 잃어서 싸움이 나거나 감정이 더 상한 경우를 많이 보았다. 예전에 같이 일하던 리더의 이야기지만 한번 돌이켜 생각해보려한다.

술을 너무 좋아해서 회식을 하게 되면 항상 과음을 했고, 일어나서 걸으려고 해도 비틀비틀 걷지도 못할 만큼 술을 마시고, 직원들에게 끊임없이 말을 하는데 발음조차 분명하지 않아서 무슨 말을 하는지도 알 수가 없다보니 듣는 직원들은 답답해하고 그저 빨리 모임이 끝나기만을 기다리는 그런 시간이 있었다. 그렇게 시간이 한참 지났음에도 집에 갈 생각은 안하고 한잔만 더, 한잔만 더 하는 모습은 처량하게 느껴지기까지 했다. 그러다 보니 직원들 하는 말은 "우리의 리더는 집에 가면 말을 들어줄 사람이 없나봐." 아니면 "집에서 하는 일 없다고 들어오지 말라고 했나봐." 그런 말들을 하면서 모임이 끝나는 시간만을 기다리며 시계만 보면서 '언제쯤 집에 가자고 리더에게 건의를 할까?' 그런 생각으로 앉아 있으니 즐거워야 할 직원회식이 즐겁지만은 않았다. 모든 직원들의 초조함에 아랑곳없이 오로지 본인 위주의 말과 행동만 하는 리더였다. 이 얼마나 처량한 모습인가? 우리가 같이 일하면서 존경할만한 리더의 모습이라고 할 수 있겠는가? 술을 먹으면 사람이 진실해진다고 하는 말보다는 술로 인해 말과 행동의 흐트러짐으로 잃어버리는 것이 더 많다.

리더는 직원들의 본보기이기 때문에 흐트러져서는 안된다. 항상 긴장하라는 말은 아니다. 술을 먹으면서도 흐트러지지 말자는 말이다. 술을 먹고 실수를 해도 다 지워지는 것이 아니고 어느 직원의 마음속에는 깊은 상처로 남을 수도 있다. 오늘은 꼭 술로 인해 흐트러지고 싶다면 집에서 아니면 정말 친한 친구를 만나서 흐트러지자. 직원들은 리더의 흐트러진 모습을 보면서 본받고 싶어하거나 존경하는 마음을 갖지 않는다. 직장에서 문제가 생기는 것도 항상 회식과 함께한 술로 인한 일이 많다. 먹을 수 있는 만큼만 그리고 본인이 흐트러지지 않을 만큼만 먹고 실수를 하지 않는 리더가 되자. 그리고 한때는 번개라는 모임이 유행한 적이 있었다. 물론 지금도 갑자기 퇴근하는 직원들을 붙잡고 술한잔하고 가자는 리더가 있다. 진심으로 직원들이 지쳐있는 것이 보여서 힘을 내자고 말하고 싶어서 하는 번개모임도 있을 수 있겠지만 이 부분 역시 직원들이 생각하기에는 '리더가 약속이 있었는데 약속이 미뤄졌나 보다.'라는 생각을 하게 된다. 아무리 리더라 하더라도 앞에서 말한 것처럼 직원의 시간까지 리더가 마음대로 할 수는 없는 것이다.

 필자는 업무 중에 열심히 일하고 퇴근해서 자기계발을 좋아하는 직원 중에 한 사람이었다. 그런데 매일같이 술 먹고 가자는 리더를 만나 생활한 기간이 직장생활에서의 최악이었던 걸로 기억된다. 필자에게도 최악이었지만 아마도 그 리더에게도 최악이었던 직원이지 않았을까 하는 생각이 든다. 이유는 리더가 술을 먹자고 하면 직원은 무조건 먹어야 한다고 생각하는 리더였는데 리더의 말을 듣지 않는 직원이었으니 예뻐 보이지는 않았을 것이다. 리더도 필자도 서로에게 힘든 시간이었음은 말할 필요가 없지 않겠는가? 서두에 말을 했지만 술도 먹는 음식이기에 먹어도 좋다. 하지만 술로 인해서 흐트러진 모습을 직원에게 보이지는 말자. 특히 다음날 아침부터 술냄새를 풀풀 풍기면서 출근하여 직원들이 '우리 리더는 어제 술을 엄청드셨나 보다.'라는 생각이 들게는 하지 말자. 이

부분도 리더의 자기관리의 일부분이다.

▶ 리더가 술을 많이 먹는 경우도 있지만 가끔은 직원도 술을 무리하게 먹고 옆에 직원과 고성이 오가는 경우도 있다. 술 앞에는 왕도가 없다는 생각이 많이 든다. 술을 잘 마신다고 자부하면서 먹는 직원도 많이 봤지만 결국에는 말이 어눌하고 행동이 흐트러진다. 직장에서는 직원 간 지켜야 할 기본예의가 있다. 본인의 적정한 주량을 알고 적정의 주량을 마셔서 모든 직원이 즐거운 시간이 되는 것이 중요하다. 특히 리더라고 술을 못 마시는 직원들에게 술을 권하지는 말자. 술을 못 마시는 직원 역시 술자리가 부담스러울 텐데 리더까지 "아니 술도 못 먹으면서 직장생활을 어떻게 해" 이런 식으로 직원에게 부담을 줄 필요는 없지 않겠는가?

아침에 출근하는 리더와 직원 모두 흐트러짐 없이 출근하는 것이 중요하다. 술 먹고 늦게 일어나서 흐트러진 머리, 어제 입던 구깃구깃한 양복, 면도를 했는지조차 궁금하고 더욱이 술냄새에 늦게 출근하는 리더와 직원이라면 어찌 좋아 보이겠는가? 술로 인해서 흐트러진 모습을 보이지 않는 것은 리더와 직원 모두에게 중요한 일이다.

06 친구를 위하고 직원을 이용하는 리더는 되지 말자

> 리 더 : 이번 명절 선물은 직원을 위해서 최고의 선물을 준비했어. 내 친구가 시골에서 참기름 농사를 하는데 완전 신토불이라서 아마도 직원들 모두 좋아할 거야. 아무데서나 살 수 없는 귀한 거니까.
> 직원1 : (선물을 받아보니) 이거 어디 지역 소주이름이지? 병에 소주이름이 써 있네. 병에 흙도 묻어 있고 이거 병은 깨끗하게 세척한 것일까? 근데 포장도 신문으로 둘둘 말아서 주는 것은 명절선물 같지는 않네.
> 직원2 : 팀장님도 어제 참기름 보셨어요? 저는 찝찝해서 먹을 수가 없던데요 …

영업을 하다보면 명절 등에 고객뿐 아니라 직원들에게도 조그마한 정성을 전달하는 경우가 있다. 이럴 때 리더의 지인 중에서 사업을 하는 친구가 있으면 친구의 부탁으로 물건을 사게 되는 경우가 종종 있다. 이런 경우 리더는 조심해야 한다. 일반적으로 봐서 누구나 좋아하는 괜찮은 선물이라면 별 문제가 없고 직원들도 받아서 기분이 좋겠지만 받고 나서 기분이 나빠지고 리더가 일방적으로 친구를 도와줬다고 느낄 수 있는 선물도 있을 수 있기 때문이다.

　예전에 필자의 리더는 시골에서 직접 짠 참기름이라고 정말 좋은 물건이라고 하면서 리더의 친구를 통해 구매를 해서 직원들에게 명절선물을 준 적이 있다. 선물을 받기 전까지는 시골에서 직접 짠 참기름이라는 말에 '정말 고소하고 맛있겠다.'는 생각에 감사한 마음으로 받고 집에 와서 물건을 보는 순간 실망을 금할 수가 없었다. 선물의 포장이 신문지로 둘둘 말아 있었는데 그것까지는 '시골의 정성이구나.'라고 이해를 했지만 참기름이 들어있다는 병을 본 순간 무척 당황스러웠다. 참기름이 들어있는 병이 처음 본 어느 지방 소주병이었고 소주병 겉에 묻어 있는 흙은 어떻게 해석을 해야 할지 몰라 당황스런 기분을 떠나서 화가 났다.

　친구를 도와준 리더의 마음은 이해를 하지만 기본이 지켜지지 않은 물건을 직원에게 명절선물로 주었다는 것을 이해하기 어려웠다. 상부상조하는 우리나라의 전통상 친구를 도와줄 수도 있고 친구이기 때문에 더욱 믿고 상품을 구입한다는 마음으로 구입할 수는 있다. 하지만 위의 사례는 친구만 도와주기 위해서 직원을 이용했다는 마음은 지울 수 없는 사례였다. 다음날 출근을 하니 모든 직원들이 너무 싫었다는 말을 했고 그 기름을 먹을 수는 없을 것 같다는 말이 많았다. 친구를 도와주는 상부상조라는 좋은 취지이지만 다른 사람에게 피해가 간다면 그 행위역시 리더가 해서는 안 되는 일이다.

　요즘 사람들은 깨끗한 포장에 깔끔한 물건을 좋아한다. 기왕에 친구를 도와주고 싶다면 물건을 먼저 보고 과연 이 물건이 사랑하는 직원들의 명절 선물로 괜찮은 것인지 한번쯤 생각하고 나서 실천하는 것이 좋다. 가까운 사람에게 선물하는 것이기에, 그리고 친한 친구의 물건을 사서 도와주는 경우에는 특히 조심하자. 내가 먼저 확인해서 받는 사람들에게 좋은 상품일 때 실천을 하자. 결국에는 친구를 위해 직원을 팔았다는 안 좋은 소문만 리더 곁에 남았던 생각하기 싫은 기억이다. 리더는 개인이 아니기 때문에 혹여라도 리더의 행동으로 리더가 이익을 보았다는 말이 나오는 그런 행동은 하지 않는 것이 리더인 것이다.

▶ 리더가 되면 리더의 의지와 관계없이 그동안 알고 지냈던 사람들이 뭔가의 도움을 요청하는 경우가 많이 있다. 특히나 명절에 물건을 팔아 달라고 하는 경우가 많다. 필자 역시 전화를 많이 받았지만 일방적으로 구매를 결정해서 직원들에게 주지는 않았다. 먼저 샘플을 받아보고 특히나 필자와 인연이 있는 사람이라고 말을 하지 않고 "이런 물건을 선물로 하는 것은 어떻게 생각하는지"라고 무기명 설문을 통해서 직원들의 의견을 들었던 경우도 있다. 이렇게 지인의 부탁을 피할 수 없다면 전직원의 무기명 설문이라든지, 여러 가지 선물 등을 비교해보고 결정하는 것이 중요하다. 리더 혼자 독단으로 결정하기 보다는 직원들이나 고객들에게 진정 필요한 것이라면 구매하고, 이때도 구매하기 전에 물건을 받는 사람의 입장에서 정말 감사함을 느낄 수 있는지 리더가 한번 더 확인해보고 진심으로 직원을 위하는 방향으로 결정하려는 노력이 필요하다.

07 리더는 표정관리를 잘해야 한다

> 리 더 : (인상 쓰면서 출근해서 소리 지른다) 김팀장! 어제 실적 가져와 봐. 이 지표는 왜 하락한 거야. 팀장이 알고는 있는 거야?
> 직원1 : 네. 부장님 이러이러해서 실적이 좀 하락했습니다.
> 리 더 : 그걸 말이라고 하는 거야? 당장 올려.
> 직원2 : 우리 부장님 아침부터 왜 인상 쓰시는 거야?
> 직원3 : 댁에서 안 좋은 일이 있으셨나봐.
> 직원4 : 오늘은 가급적 부장님 눈에 안보여야겠네.

 가끔 리더들을 보면 본인의 기분을 그대로 표정으로 나타내고 있는 경우가 있다. 리더보다 더 높은 직급의 사람에게서 행여라도 나쁜 소리를 들으면 바로 직원들을 모아놓고 리더 본인이 받은 스트레스를 그대로 표출하면서 사무실 분위기를 한순간 얼음장으로 만드는 리더이다. 기분이 좋아서 웃는 표정은 직원들의 마음까지 즐겁게 하지만, 기분 나쁜 표정으로 앉아있거나 행동을 한다면 직원들은 리더의 눈치를 보느라 일에 집중을 하지 못한다. 특히 서비스업의 대표라고 할 수 있는 은행창구에서 일하는 직원들에게는 리더의 불편한 말과 행동은 치명적인 업무 저해요인이 된다.

직원들은 일을 하면서도 혹시 내가 아침에 인사를 안 드렸나? 댁에서 무슨 일이 있으신가? 왜 기분이 안 좋으실까? 기타 등등 지난시간들을 떠올리면서 일에 집중하는 것이 아니라 리더의 기분에 더 집중을 한다. 리더라고 기분이 항상 좋을 수는 없다. 좋은 소식이 있어서 기분이 좋을 수도 있고, 나쁜 소식으로 기분이 나쁠 수도 있다. 하지만 리더라면 본인의 표정에 신경을 쓰면서 관리하는 것은 기본이다. 실적이 저조해서 높은 곳에서의 안 좋은 소식으로 인해 기분이 살짝 안 좋다하더라도 사무실에서는 웃어주자. 리더의 웃음을 보면서 활기차게 일할 수 있는 직장분위기를 위해서 웃어보자.

직장의 리더면 연예인이라고 해도 될만큼 공인이 아니던가? 리더의 표정으로 직원들의 사기가 오를 수도 있고 사기가 떨어져서 영업에 방해가 된다면 궁극적으로 리더의 표정 때문에 영업력이 저하되는 것이다. 예전에 같이 근무하던 리더가 성격도 급하고 매일의 실적에 따라서 표정과 행동이 달라지는 것이 필자에게는 많은 스트레스였다. 저녁이 되어 실적을 확인하려고 컴퓨터를 보려고 할 때면 손이 떨리는 증세까지 경험할 수 있었다. '오늘실적은 어제보다 좋아야 할텐데…'라는 생각을 하면서 실적현황을 확인하곤 했다. 전날보다 0.1이라도 떨어지면 어김없이 리더는 화를 냈고 그런 리더와 같이 생활하던 시간이 결국에는 수전증을 경험하기에 이르렀다. 직원들에게는 고객만족이라는 단어를 앞세워 웃음을 강조하면서 정작 리더는 인상 쓰는 표정으로 있는 것은 우리가 흔히 말하는 앞뒤가 맞지 않는 상황이다.

본인의 기분대로 표정을 바꾸지 말고 가급적이면 온화한 표정관리를 연습하자. 직장에서 어떻게 내 기분에 따른 표정을 다 드러낼 수 있단 말인가? 그렇다고 아무 때나 웃자는 것은 아니다. 칭찬의 표정, 질책의 표정 등 모두 다르겠지만 상황상황에 따라서 마치 카멜레온처럼 매순간 변하는 표정은 만들지 말아야 한다. 리더 기분이 좋으면 괜히 웃고 리더 기분이 나쁘다고 괜히 큰소리를 내지는 말자.

필자 역시 예전에는 웃지 않으면 표정이 무척 차가웠다는 말을 많이 들었다. 말없이 가만히 앉아있으면 직원들끼리 '화가 난 게 확실해' 하면서 화가 났는지 아닌지 직원끼리 내기도 했다는 말을 들은 적도 있다. 그 차갑고 무서운 표정을 바꾸려고 6개월 정도 매일 연습을 하니 점차 표정이 변화는 것을 느낄 수가 있었다. 운전을 하면서 신호에 걸리면 잠시 거울을 보면서 '하와이, 김치, 치즈'를 크게 외치면서 연습을 했고 거울을 볼 때마다 웃음연습을 했다. 물론 같이 신호에 걸린 옆 차량의 운전자가 필자를 보았다면 분명 '아침부터 이상한 사람도 있네.'라고 했을 수도 있다. 그렇지만 시간을 내서 연습을 한다는 것이 어려워 짬짬이 시간을 활용해서 연습을 한 것이다. 화장을 하면서도 하와이를 외쳤고, 집안 곳곳에 거울을 두고 거울을 볼 때마다 웃음연습을 한 결과 지금은 차갑다는 말을 안 듣고 온화한 표정이라고 하는 말을 들을 수 있다. 그래도 가끔 표정이 굳어지는 것을 느낄 때면 다시 한번 하와이를 외치면서 표정관리를 한다.

리더가 된 지금 '내 표정으로 직원들이 힘들어 하면 어쩌나'하는 생각으로 사무실에서는 늘 표정관리를 하려고 했다. 그 결과 직원들은 늘 나에게 "기분 좋은일 있으세요?"라고 묻곤 하지만 매일이 그렇게 기분 좋은 일만 있었던 것은 아니었다. 본부에서 실적이 저조하다는 나쁜 소식을 들어도 직원들 앞에서는 웃음을 잃지 않는 리더가 되고자 했던 마음 때문이다.

표정은 타고나는 것이 아니라 만들어 지는 것이다. 우리는 사람을 처음 볼 때 몇 초도 안 되어 나의 맘속으로 상대방의 인상에 대해서 내맘대로 결정을 해버린다. 무서운 사람, 착한사람, 인상 좋은 사람, 인상 나쁜 사람 등등 … 그렇게 결정을 하면서도 웃는 사람에게 나쁜 결정을 하는 경우는 드물다. 얼굴표정은 상대방이 나를 결정하게 하는 것이다. 옛말에 웃으면 복이 온다고 하지 않는가? 역시 100% 동감이다. 내가 웃어야 복이 나에게 온다는 말이다. 가끔 웃을 일이 없어서 웃지 않는다는 사람을 볼 수 있는데 그것은 웃지 않기 때문에 웃을만한 좋은 일이 안온다고 생각한다. 어디서나 표정관리를 하면서 웃는 연습을 게을리 하지말자.

가끔 나이든 지인을 보면서 이런 생각을 하게 된다. 나이가 들었음에도 옛날과 같이 변함없이 좋은 인상을 갖고 나이를 든 지인을 보면 '정말 관리를 잘하고 생활했구나.'라는 생각을 하게 되고, 어떤 지인은 젊은 시절보다 훨씬 나이 들어 보이고 좋았던 인상도 나쁜 인상으로 변해버린 지인도 만날 수가 있다. 나이 들어 좋은 인상이나 나쁜 인상은 100% 본인의 탓이다. 좋은 생각으로 늘 상대방을 배려한 사람에게서 나쁜 인상은 만들어지지 않는다. 본인이 생각해서 스스로 표정이 별로라고 생각한다면 바로 이 시간부터 하와이를 외치면서 연습을 해보자. 특히 사무실의 리더는 항상 표정관리를 해야 하는 만큼 연습을 해서 나만의 온화한 표정을 만들어 보자. 리더의 표정관리가 안되면 리더가 하는 말 모두 화가 나서 하는 말로만 들리기 때문에 그 목소리에 또다시 직원들은 스트레스를 받으며 신경을 쓰게 된다. 진정 영업력의 향상과 좋은 직장 분위기를 원한다면 리더는 리더의 표정에 신경을 써야 한다.

▶ 리더도 표정을 관리해야 하지만 직원 역시 본인의 표정을 관리해야 한다. 아침에 출근해서 밝은 목소리, 밝은 표정으로 인사를 하는 직원이 있는가 하면 아침부터 아무런 표정도 없이 출근해서 직원들과 인사도 없이 본인 자리에 앉는 직원도 있다. 이렇게 아침부터 표정도 없으면 리더 입장에서는 걱정부터 된다. '집에 무슨 안 좋은 일이 있는지', 아니면 '몸이 안 좋은지' 그것도 아니면 '옆 직원과 마찰이 있어서 저렇게 표정이 없는 것일까?'라는 생각을 하게 된다. 리더가 그런 생각을 하게 된다면 궁극적으로 그 직원평가를 할 때 플러스 요인은 아니다.

같이 근무한 직원 중에 유독 인사성이 없는 직원이 있었다. 아침에 출근하면 옆 직원들과 인사도 하는 둥 마는 둥 하고 리더인 필자가 다가가 "좋은 아침"이라고 말하면 그때서야 "안녕하세요?"라고 마지못해 인사를 하는 직원이었다. 직장생활의 가장 기본이 인사성이다. 일처리도 중요하지만 아침에 밝은 표정과 경쾌한 목소리는 인사를 하는 사람도 인사를 받는 사람도 기분이 좋아지는 것이다.

결국에는 리더든, 직원이든 우리 모두에게 표정관리가 필요한 것이다. 아침에 만난 직원들끼리 밝은 표정으로 밝은 인사를 한다면 사무실 분위기 또한 좋아지고 왠지 오늘은 좋은 일들만 있을 것

같은 생각이 들지 않겠는가? 그리고 아침인사는 리더든 직원이든 먼저 본 사람이 상대방에게 밝게 해주자. '난 리더니까 인사는 직원이 먼저 해야 한다.'는 생각은 버리고 리더인 내가 먼저 직원을 보았다면 리더가 먼저 밝고 활기찬 목소리로 직원에게 인사를 건네자. 리더가 먼저 환한 인사를 해줌으로써 직장의 분위기를 좀 더 활기차게 할 수 있다. 표정은 타고나는 것이 아니라 만들어 지고 일정나이가 되면 내 표정에 스스로 책임을 져야한다. 나이든 지인을 보았을 때 우리는 많은 것을 느끼게 되는데 그것은 세월의 흐름 앞에 스스로의 모습에 책임을 져야하기 때문일 것이다.

08 리더라고 잘못이 무용담이 될 수는 없다

> 리더 : 팀장일 때 어느 날 출근하기가 싫더라고. 그래서 그냥 산에 올라갔는데 그러고 나니 난 기분이 좀 풀려서 좋았는데 사무실에서는 난리가 났었나봐.
> 직원 : 사무실에 연락은 안하시고 산에 가셨어요?
> 리더 : 사무실에 연락한다는 것을 잊어버렸지.
> 직원 : 아 그러셨군요. 정말 사무실과 댁에서는 걱정이 크셨겠네요.

    간혹 리더 중에는 과거에 자신이 잘못한 일을 무슨 무용담처럼 말하는 경우를 종종 볼 수 있다. 리더가 되었다고 해서 과거의 잘못된 일이 무용담이 될 수 없음에도 불구하고 자랑삼아 이야기를 하는 리더를 보면 리더의 자질마저 의심스럽다. 과거의 잘못을 무용담처럼 말할게 아니라 "과거에 이런 일이 있었는데 지금 생각하면 그런 행동 자체가 잘못이야."라고 잘못을 인정하는 말이 되어야 한다.

    같이 근무하던 리더가 매번 과거의 잘못되었던 행동을 무용담처럼 자랑 하던 리더였다. 예를 들어보면 본인이 중간 리더였을 때 출근하기 싫으면 회사에 연락도 안하고 무조건 산행을 했다고 한다. 회사의 모든 연락을 차단하고 무조건 산행을 했다는 리더의 말을 듣는 직원들은 '그럼 나도 출근하기 싫을 때 산행을 해볼까?' 이런 생각을 하게끔 하는 것이다. 그렇게 이해할 수 없는, 아니 직장생활에서 하면 안 되는 나쁜 행동을 하고도 지금 리더가 될 수 있었다는 것은 아마도 그때 같이 근무했던 리더가 리더십이 있었기 때문이었을 것이라는 생각이 든다. 만약에 현재 같이 근무하는 직원이 연락도 없이 결근을 하고 산행을 했다면 직장에서 징계감일 것이다. 그리고 직원의 저런 행동을 현재 리더가 되어있는 이 리더는 과연 어떻게 대처를 했을까하는 의구심이 든다.

본인도 결근을 하고 산에 갔다가 출근을 했는데도 아무 일 없게 직장생활을 해왔기 때문에 현재의 그런 행동을 한 직원을 이해하고 아무 일 없던 것처럼 그 직원을 다독거리면서 이끌어가는 행동을 할 수 있을까하는 생각을 하게 된다. 아무리 생각을 해봐도 그렇게 말한 리더는 결근 한 직원을 과거의 자신을 이해해준 직장상시처럼 이해하고 받아주지는 않았을 것이다. 왜냐하면 그 리더가 직장에서 직원을 이해해주거나 직원을 생각하는 마음이 크지 않기 때문이다. 이처럼 과거의 잘못을 현재의 무용담으로 말하진 말아야 한다.

현재 리더가 되었다고 해서 과거의 잘못이 아름다운 추억이거나 자랑거리는 결코 될 수가 없다. 과거의 잘못된 행동은 반성하고 다시는 그런 잘못된 행동을 하지 말아야겠다는 생각을 하는 것이 리더라고 생각한다. 그럼에도 불구하고 내가 예전에는 "어떤 사람이었는데" "내가 어떻게 해서 이 자리에 올라오게 되었는데"라는 말을 많이 하는 리더들을 볼 수가 있는데 그런 말을 하고 싶다면 현재의 직원들이 들어도 정말 배우고 싶다는 생각이 드는, '나도 우리 리더처럼 행동을 해서 훌륭한 리더가 되어야 겠다.'라는 생각이 드는 그런 말과 행동을 하는 리더가 되자. 무작정 과거의 잘못된 행동을 말하지 말라는 것은 아니다. 과거의 잘못된 이런 행동도 있었지만 "어떤 상황에서 그런 행동이 나왔고 궁극적으로 그런 행동은 직장에서 절대 있어서는 안 되는 행동이었다."라는 말까지 하는 것이 맞지 무용담이 되어서는 안 된다.

직원들을 잘 이끌 수 있는 좋은 추억을 말할 수 있는 리더가 그리워진다. 직원들은 리더의 과거가 궁금할 수도 있고 어떻게 해서 리더가 되었는지도 궁금하면서 배워야 할 점은 배우고 싶어 하기 때문에 늘 직원들의 생활에 도움이 되는 리더가 되려면 리더 자신이 끊임없이 공부하고 직원들에게 등불이 될 수 있는 그런 말을 하는 리더가 되자.

▶ 리더가 되면 과거의 일을 자꾸 말하고 싶어한다. 리더가 어떻게 직장생활을 해서 성공을 했는지, 그리고 직장에서 어떤 우수한 일들을 했는지 등등 많은 말을 하고 싶어한다. 요즘 흔히 들을 수 있는 "라떼는 말이야." 이런 생각일 것이다. 필자 역시 다양한 경험이 있고 많은 성과를 창출한 여러 가지 사례가 있었지만 그런 일들을 과거의 영웅처럼 말하는 것은 늘 조심스러웠다. 직원과 친분이 있어서 어떤 말을 해도 왜곡되지 않는 관계에서는 지난날의 우수사례 정도 그것도 내가 아닌 "다른 사람은 이렇게 해서 성과가 우수했다던데"라는 말로 했고, 친분이 형성되지 않은 관계에서

는 지난날의 우수사례, 실패사례 등을 코칭의 단어로 짧게 코칭을 했더니 반응이 좋았다.

  리더가 되면 많은 말을 해서 직원들을 이끌고 싶어하지만 과거의 잘못된 행동을 합리화시키는 그런 말은 조심하는 게 맞다. 말은 할수록 이득이 되기보다는 '괜히 이런 말을 했네.'라는 생각이 들 때가 더 많다. 우리의 귀가 둘이듯 늘 더 많이 듣고 말은 조금 덜 하는 편이 낫다. 왜냐하면 리더가 한번 툭하고 내뱉은 말은 주워 담거나 정정하는 것이 어렵다. 리더는 늘 말조심이 필요하다.

09 인맥을 과시하지 말자

> 리더 : 내가 그분하고 친하잖아. 얼마 전에 식사도 같이 했어.
> 직원 : 아 그러세요? 좋으시겠어요. 그분과 친하시다니.
> 리더 : 뭐 어려운 일 있어? 내가 말만 하면 안 되는 것이 없지.(하지만 정작 직원에게 도움이 필요할 때는 외면한다)

"나는 말이야. 윗사람 누구를 잘 알고 누구와 친하다." 이런 말들을 공공연하게 하는 리더를 본적이 있는가? 그런 리더를 보면서 무슨 생각을 해본 적이 있는가? 과거 필자와 같이 근무하던 리더 중의 한사람이 늘 인맥을 과시하던 리더였다. 그 리더는 앞에서 말을 할 때나 아니면 술자리에서 늘 본점에 있는 누구와 친하다고 말을 하고, 그분들은 본인이 전화하면 언제든지 만날 수도 있다고 말을 하는 리더였다.

그러던 어느 날 본인과 친하게 지냈던 사람을 사무실로 초대해서 전 직원과 인사를 하게 하였는데 특히 그날은 가족사랑의 날이라고 해서 6시에 퇴근을 해야 하는 날이었기 때문에 직원 모두 퇴근 준비를 하고 리더의 퇴근을 기다리고 있던 상황에서 7시가 다 되는 늦은 시간에 리더 본인과 과거에 친했던 사람을 사무실로 내점하게 한 것이었다. 리더가 같이 근무를 했고 존경하는 분이라면 다른 자리에서 만나 같이하는 술 한 잔은 무척 좋은 일이지만 전 직원의 시간을 빼앗으면서 직원들 퇴근도 못하게 하고 퇴근하려는 직원들에게 같이 저녁을 먹고 가라며 예고에도 없었던 저녁식사 자리까지 만든 것이다. 그 리더는 처음 리더가 되어서 이제 막 리더의 길을 걷는 리더였는데 이와 같은 행동은 '내가 이런 사람이야.', '난 이렇게 높은 분들도 잘 아는 사람이야.'라고 인맥을 과시하는 것으로 보였다. 다른 한편으로 생각해보면 리더 본인이 그렇게도 매사에 자신이 없어서 예전에 퇴직한 직원까지 사무실로 초대를 해서 조직을 이끄는 사람인가라는 생각을 전 직원이 한 적이 있다. 정말 바람직하지 않은 행동이다. 물론 좋은 쪽으로 생각을 해보면 과거의 수장이었으니 직원들에게 인사를 시켜서 나중에 직원들이 잘되게 하려고 한 것이었다고 생각할 수 있겠으나 그날의 리더 행동에서 어느 누구도 그렇게 좋은 쪽의 생각은 하지 않고 전자의 생각처럼 '리더 본인의 인맥과시구나.' 그런 생각이 지배적이었다.

옛말에 우리나라는 다섯 가구만 거치면 아주 높으신 분과도 연결이 된다는 말이 있다. 그만큼 우리 사회가 인맥에 의지한다는 단편적이 사실과 연결되는 부분이다. 굳이 인맥을 과시해서 뭐가 달라지겠는가? 리더가 인맥을 과시한다고 해서 직원들이 리더를 더 존중하겠는가? 리더가 누구와 친하게 지내는지 누구와 같이 생활을 하는지 일반직원들은 심하게 궁금해하지 않는다. 리더가 친했던 사람이라고, 일반직원이 인사한번 했다고 높은 분이 일반직원을 알아줄 거란 생각은 안하기 때문이다. 물론 가끔은 리더와 친한 사람을 알고 싶어 하는 직원들도 있지만 선택된 날짜가 가족사랑의 날이라고 일찍 퇴근해서 가족과 함께 즐거운 시간을 기대했던 일반직원들에게는 전혀 관심이 없다. 내가 아는 사람이고 내가 존경하는 사람이라면 아는 사람들끼리 좋은 시간을 만들자. 그것이 아름답지 않겠는가? 본인이 스스로 높아지고자 하면 할수록 낮아진다는 것을 많은 리더들이 간과하는 부분이다.

직원을 외면한 채 리더만 높아지려고 하면 직원들은 더욱 리더를 리더로 대우하지 않는다. 직급이 높은 사람을 안다고 해서 리더의 직급이 높아지는 것은 아니다. 리더는 겸손을 겸비해야만 직원들에 의해서 더욱 높아질 수 있다. 직원들의 소중한 시간까지 빼앗으면서 본인의 인맥과시를 하던 리더였지만 그 리더의 마지막은 그리 아름답지 않았다. 그 리더는 직원이 아무리 바쁜 상황에서도 직원의 업무보다도 리더 본인의 수행을 우선으로 생각했고, 늘 본인 스스로 높아지려고 했지만 직원들은 존중하지 않았다. 직원들이 리더 앞에서는 말을 듣는척하면서 뒤돌아서면 바로 욕을 하고 있었지만 리더는 그런 사실을 몰랐고, 리더 앞에서 좋은 말만하는 직원의 말은 듣고 리더의 잘못된 점을 말하는 직원을 멀리하던 리더였다.

리더는 조직을 위해서 일을 해야만 직원들의 존경을 받을 수 있다. 조직이 아닌 개인을 위하는 일들은 직원의 존경을 받을 수 없고 직원들은 리더가 조직을 위하는지, 개인을 위하는지 모두 알고 있다. 자리를 영원히 지킬 수 있는 리더는 없지만 직원들의 마음속에 영원히 존경을 받을 수 있는 리더는 있다. 리더의 행동 하나하나를 지켜보면서 자리에 있을 동안 충성을 하는척해야 할 것인지, 진심으로 존경하는 마음을 지녀야 하는 것인지 직원들은 이미 판단하는 것이다. 듣기 좋은 말만을 듣고자 하는 리더 곁에는 늘 충직하지 못하고 오히려 리더를 이용하고자 하는 직원들이 있고, 충언을 하는 직원의 말을 듣고자 하는 리더 곁에는 진심으로 조직을 걱정하는 직원이 있다. 진정한 리더라면 직원의 말과 행동으로 듣기좋은 말뿐인것인지, 진정조직을 사랑하는 말인지 구별할줄 알아야 한다. 돌이켜 생각해보면 진정으로 조직을 사랑하고 같이 일하는 직원을 생각하는 리더는 오히려 높은 분을 잘알고 있는 경우라도 말하는 경우가 없고, 중요한 순간에 직원을 위해 말을 해주는 리더였다. 누구누구와 친하다고 말한 리더는 직원의 앞날은 전혀 생각하지 않고 오직 리더 본인만 잘되고자 했던 리더였던 경우가 더 많았다.

또 한사람의 필자가 알던 리더는 조직의 높은 임원들과 매번 같이 운동을 했고, 운동을 한 다음날이면 직원들에게 어제 누구와 운동했다고 떠드는 리더였다. 나중에 보니 그 리더 역시 조직에서 조금더 높은 자리로 가기는 했지만 만나는 직원마다 하는 말이 '본인 실력은 전혀없고 윗사람한테만 잘해서 출세한 직원'이라는 꼬리표가 붙었고 이런 소문이 점차 퍼져서 직장생활이 길지 않았던 경우도 있었다.

리더라면 본인의 앞날보다는 직원들의 앞날을 생각해주자. 직원들이 좀더 크게될수 있도록 노력하자. 직원들의 앞날을 생각해주는 그런 리더가 더 잘되는 경우가 많은 조직은 아주 오랫동안 조직이 잘 될 거라는 생각이다. 한 기업이 오랜 세월 존속한다는 것은 그 조직의 조직문화가 좋은 경우에만 가능한 일이다. 조직문화가 올바르기 위해서는 리더의 행동만으로는 부족하고 전직원의 노력이 필요하다.

▶ 필자 역시 소위 직장에서 높은 직급에 있는 분들을 잘 알고 있었지만 직원들에게는 내색하지 않았다. 하지만 직장생활을 하면서 처리하기 어려운 부분이 있거나 직원들이 좀 더 잘 돼야 하는 상황에서는 직원 모르게 윗분들을 찾아뵙고 어려운 점을 피력했고 도와달라는 말도 했다. 이런 행동을 나중에 직원이 알고 무척이나 고마워했던 일이 기억에 난다. 직원이 어려움을 호소하면 조용히 알아보고 처리해주는 리더가 그리운 세상이다.

리더라면 본인의 인맥을 직원들에게 과시하고 과시한 인맥으로 리더 본인만 잘 되기를 희망하지 말고 리더와 함께 동고동락하는 직원을 위해서 리더 본인의 인맥을 사용하는 현명한 리더가 되도록 노력하자. 그리고 어떤 면에서는 높은 인맥을 직원에게 소개해주는 것이 직원에게 도움이 되는 경우도 많이 있다. 이렇게 우리가 흔히 말하는 높으신 분을 직원에게 소개시켜주는 경우에는 전 직원에게 피해가 가지 않는 범위에서 진실로 직원을 위한다는 생각을 한다면 올바른 리더의 행동이 나올 것이다.

10 리더의 고객이면 더욱 기본을 지키게 하자

> 리더 : 김팀장, 이따 5시에 내가 아는 지인이 올 거야. 업무처리 좀 잘하고…
>
> 직원 : (속으로) 5시면 좀 늦게 오시는구나. 기다렸다가 업무를 잘 처리해야겠네.
>
> 고객 : (리더의 지인) 김팀장, 이건 어떻게 하는 게 맞는 거야? 내가 시간이 좀 촉박한데 좀 빨리 처리하지…
>
> 리더 : (고객이름을 부르면서) 다 처리되었어? 언제든지 전화하고 와. 아무 때나 와서 일처리하면 되는 거니까.
>
> 고객 : 넘 늦게 오면 직원들 업무가 늦는 거 아니야?
>
> 리더 : 뭔 상관이야. 아무 때나 와서 일봐.

간혹 영업점의 실적증대를 위해서 리더가 잘 아는 지인을 영업장으로 내점요청을 하는 경우가 있다. 이럴 때는 부득이한 경우를 제외하고는 영업시간에 맞추어서 내점하게 하는 것이 좋고, 직원과 리더의 지인이 대화를 할 때도 기본을 지키게 하는 것도 리더의 자세이다. 처음 보는 직원에게 나이를 떠나서 반말을 하는 것은 좋은 일이 아니다. 필자가 팀장일 때 같이 근무한 리더는 본인 고객을 종종 은행에 내점하게 하였는데 항상 영업시간이 끝난 늦은 시간에 내점을 하게 하여 전 직원 모두의 퇴근시간이 늦어진 경우가 번번이 있었다.

 은행 업무는 실타래처럼 엮어져있어서 한두 직원이 늦으면 전 직원이 늦어지는 체계인데 그렇게 늦게 방문한 리더의 지인 때문에 모든 직원들의 퇴근이 늦었다. 한두 번이야 그럴 수도 있겠지만 당연한 듯 늘 늦은 시간에 고객을 내점하게 하는 리더의 행동은 이해하기 어려운 것이다. 그러다보니 직원들의 불만이 많아지는 것은 당연한 일이었다.

 그렇게 고객이 늦게 방문하는 경우가 있다면 업무시간에 미리 공지를 해주어서 직원들이 어느 정도 감안하게 해주었다면 조금 더 좋았을 텐데, 그 리더는 업무 중에 먼저 말을 해주는 것도 아니고 모두 마감을 끝내는 즈음에 말을 하는 것이다. '내가 리더니까, 내가 여기 주인이니까 내 마음대로 언제든지 고객을 내점하게 하면 되겠지. 그렇게 하는 것이 뭐가 문제가 되겠어' 그런 마음 없이는 도저히 불가능한 일이다. 즉 내가 리더인데…. 이런 마음가짐으로 직원들과 상충되는 일들이 많아지는 것은 더 많은 성과창출과 거리가 멀어진다. 영업점에 어떤 실적도 없이 일처리만 하면서 마감시간이 늦어지는 것만큼 직원의 입장에서 힘든 일이 없다. 이런 경우 리더가 알아서 방어를 해주어야 하는데도 불구하고 오히려 리더가 앞장서서 영업시간 후 늦게 내점하게 하는 것은 잘못이다.

 업무를 처리하는 직원의 입장에서도 리더의 지인이다 보니 좀 더 조심하고 좀 더 예의를 갖추어 업무처리를 하는데 마감까지 늦어지면 일을 하는 직원도 지친다. 이런 사소한 것도 리더가 챙겨서 지킬 것은 지켜야 하지 않겠는가? 또한 가끔 리더의 지인이라고 해서 직원들을 보자마자 반말을 하는 경우도 있고, 영업마감시간과 관계없이 본인의 볼일을 모두 처리하고자하는 경우도 있는데 이런 경우 리더가 나서서 교통정리를 해야 한다.

　리더가 되어서 하는 행동에는 쉬운 것이 없지만, 리더가 생각을 조금만 바꾸어서 직원의 입장으로 생각한다면 리더의 자리가 어렵지만은 않다. 오히려 그런 사소한 배려 등을 거치면서 더욱 더 리더의 모습을 찾아가는 것이다. 리더의 지인도 중요하지만 직원들의 입장을 생각하고 배려하는 것도 중요하다. 지인이 어떤 성향의 사람이라는 것을 리더는 알고 있지 아니한가? 직원들에게 스트레스를 줄 성품을 지녔는지 아닌지 알기 때문에 리더 자신이 지인을 컨트롤해 줘야 한다. 그리고 같이 일하는 직원들이 자괴감을 느낄 정도의 언행을 하는 지인이라면 차라리 리더가 중간에서 역할을 해주는 것이 필요하다.

　▶ 리더가 되어보니 지인이 내점하는 것도 신경이 많이 쓰인다. 혹시나 시간약속을 했는데 차가 막혀서 늦지는 않을까? 직원의 식사시간과 겹쳐서 직원의 식사를 불편하게 하지 않을까 등등 사소한 것도 신경이 쓰이는 것은 리더이기 때문에 더 조심해야 하는 것이다. 그리고 고객을 혼자 직원에게 맡겨버리는 것이 아니라 지인과 같이 앉아서 설명이 더 필요한 부분은 직접 해야 했고 혹시라도 직원이 바쁠 때는 리더가 오며 가며 일처리에 신경을 더 썼던 시간이 생각난다.

한번은 지인이 점심시간에 약속도 없이 영업점으로 온 경우가 있었는데 이날은 직원들과 꼭 식당에서 식사를 하기로 약속한 날이었다. 어쩔 수 없이 지인에게 양해를 구해서 그대로 돌려보내고 구내식당에서 직원들과 점심식사를 한 경우도 있다. 구내식당에서 지인과 같이 식사를 해도 되었겠지만 혹시라도 직원들이 마음 편해야 할 식사시간이 오히려 불편한 시간이 되버릴까 봐서 지인을 돌려보내는 것을 선택했다. 나중에 직원들이 "구내식당에서 같이 식사를 해도 되셨는데요"라는 말을 들었지만 그래도 그 일은 잘했다는 생각이다. 리더는 항상 직원의 입장을 먼저 생각해서 행동하는 것이 중요하다.

11 지난밤 일은 나타내지 말자

> 리 더 : (술 냄새 풍기면서 출근해서) 김대리 사무실에
>   꿀물 없나? 꿀물이 먹고 싶은데...
> 직원1 : (속으로 : 업무준비해야 하는데) 네 부장님,
>   바로 마트 다녀오겠습니다.
> 직원2 : 부장님은 특별히 할 일이 없으셔서 늦게까지
>   약주를 많이 드셨나 보다.
> 리 더 : 진작 준비를 해둬야지! 오늘은 아침부터
>   피곤하네.

    리더는 모든 직원의 본보기이다. 작은 몸짓도 한마디의 말도 직원들에게 미치는 영향력이 크다. 그러기에 늘 행동과 말을 조심해야 한다. 하지만 가끔 전날 술을 많이 먹고 정리되지 않은 모습으로 출근하는 리더들을 보아 왔다. 전날 그렇게 술을 많이 먹은 모습으로 출근하는 리더를 보면서 직원들은 무슨 생각을 할까? '당신은 리더이기 때문에 밤새 술을 먹어도 다음날 아무런 부담없이 출근하고, 업무시간도 별로 할 일이 없어서 그렇게 술을 많이 할 수 있나보다.'라는 생각을 할 수 있다. 출근시간도 맞추지 않고 늦은

출근과 더불어 어제 먹은 술로 냄새까지 풍기며 출근을 하는 것은 자기 관리를 못하는 리더라고 스스로 말하는 것이다.

술을 먹든, 모임에 가서 밤을 지새웠건 그것은 개인의 자유지만, 지난밤에 본인이 한 일을 다음날 모습으로 나타내면서 출근할 필요는 없는 것이다. 좋은 모습도 아니고 퉁퉁 부은 얼굴, 빨개진 눈동자, 구깃구깃한 양복 등등으로 지난밤에 무엇을 했는지 역사를 다 말하지 말자. 직원이 그런 흐트러진 모습으로 출근을 하면 직장생활을 하면서 그러지 말아야 한다고 말을 해줘야 할 리더 본인이 그런 모습으로 출근한다는 것은 리더이기 때문에 더욱 좋은 모습이 아니다.

같이 근무했던 리더가 종종 위와 같은 모습으로 출근을 하곤 했다. 술 냄새가 진동을 하는데도 직원들에게 다가와서 어젯밤 술자리에서의 즐거웠던 이야기를 하고, 갑자기 꿀물이 먹고 싶다고 하여 아침부터 사무실 분위기를 어둡게 하던 리더였다. 직원들은 그 리더 앞에서는 "아~ 예예"하면서 억지로 웃으면서 대답은 하고 뒤돌아서 화장실을 가는 직원들도 있었다.

예전에는 '술을 먹어서'라고 하면 모든 것이 용서될 수 있었던 시절도 있었지만 지금은 리더가 본인 관리도 안 되면서 어찌 리더라고 할 수 있겠는가? '본인 관리가 안 되는데 어떻게 한 조직을 책임질 수 있을까?'라는 차가운 시선이 더 많다. 술로 모든 것이 용서가 되든 안 되든 결국에는 자기관리 차원이다. 리더에게 있어서 자기관리는 필수적이고 리더에게 중요한 것은 자기관리의 모습이다. 지난밤이 즐거웠든, 슬펐든, 우울했든 그런 모든 기분은 본인만 간직하고 직원들에게는 나타내지 말자. 지난밤의 흐트러진 모습은 지난밤으로 끝내고 상쾌한 아침이 되었으면 상쾌한 모습으로 출근해서 직원들에게 좋은 분위기를 선사하는 것도 리더의 몫이다. 궁극적으로 그 모든 것은 리더의 자기관리 의지로 나타난다.

▶ 리더의 위치가 되니 매사 신경이 쓰이는 것은 사실이다. 어제 입었던 정장을 또 입는 것도 신경이 쓰이고, 아침에 차 한 잔을 마시더라도 어제와 다른 차를 마시면 혹여나 "건강이 안 좋으세요?"라며 물어보던 직원들이 신경 쓰인다. 매일 먹던 차가 있어도 어느 비오는 날 아침이나 조금은 쓸쓸하게 낙엽이 떨어지는 것을 보면서 출근한 아침에는 헤이즐럿 시럽을 넣은 아메리카노가 마시고 싶었지만 혹여라도 직원이 신경 쓸가 봐서 그냥 매일 먹던 차를 마셨던 기억이 난다.

리더의 자리는 쉬운 자리가 아니다. 늘 자기 관리에 신경을 써야 하고 직원들에게 좋은 모습을 보이면서, 직원들이 좀 더 자기관리를 할 수 있도록 말과 행동으로 리드하는 것이 매우 중요하다. 지닌밤에 심하게 피곤한 일이 있었다 해도, 아침에 출근하면서 집에서 안 좋은 일이 있었다 해도 그런 일을 숨기고 즐거운 아침을 직원들이 맞이할 수 있도록 리더가 먼저 본인 관리에 철저를 기하자.

12 쓸쓸한 리더의 뒷모습

> 먼 훗날에도 그리운 리더가 되자.

 모든 것을 가진 사람처럼 모든 것을 마음대로 했던 사람이 승진이 되어 더 높은 자리로 떠나는 모습은 당당하게 보일수가 있지만, 정년을 못 채우거나 경질되어서 본인의 의지와 관계없이 조직을 떠나는 리더의 모습은 매우 쓸쓸하다. 승진이 되어서 떠나는 리더도 언젠가는 퇴직을 하고 떠날 텐데 천년만년 그 자리에 본인은 있을 것처럼 행동하던 리더의 모습도 쓸쓸하기는 마찬가지이다.
 같이 근무할 때 '조금만 배려해주고 조금만 이해를 해 주었다면 떠나는 모습이 처량하지도 쓸쓸하지도 않았을 텐데'라는 생각을 지울 수가 없던 기억이 너무도 많은 리더에게 남겨졌다. 리더는 처량하게 떠나가는데 리더가 떠나는 것이 너무도 좋아서 직원들끼리 축하잔치를 하는 분위기라면 떠나는 리더의 모습이 더욱 쓸쓸해진다. 높은 자리에 올라가면 마음이 다 변하는 것 같다. 아래 직원에게는 거친 말과 행동을 하고 본인만을 위하면서 더 높은 직위에 있는 사람에게는 언제나 온화한 웃음과 모든 일에 대해 한결같이 "예 맞습니다."라는 대답이 그것이다.

  필자도 리더가 되어보니 내말을 잘 듣고 언제나 내말이 맞는다고 하는 직원이 예쁘게 보이는 면도 있지만 그렇게 하는 직원을 예쁘게만 생각하기 보다는 나를 뒤돌아보면서 과연 정도를 걸으면서 생활하는 것인지를 다시 한번 살펴보는 것이 중요하다. 자리가 높아질수록 좀 더 겸손해지고자 노력하며 위보다는 아래 직원들에게 더 잘해주자. 같은 직장, 같은 부서에서 얼마나 오랜 시간을 같이 근무한다고 직원들의 입장을 외면한 채 생활하는 것일까?

  지금까지 알고 있었던 대부분의 리더들은 자리가 바뀌면 사람이 바뀐다는 말을 증명이라도 하듯이 모두 바뀌는 것을 경험할 수 있었다. 직원의 입장에서 배려하고 직원을 생각하던 중간 리더들도 조직의 최고 리더가 되면 본인만 생각하는 스타일로 바뀌는 것을 볼 때마다 더 많은 아쉬움을 느꼈다. '있을 때 잘해'라는 노래도 있듯이 사람은 항상 같이 있을 때 잘하는 것이 오래도록 마음에 남는다. 하지만 사람이다 보니 같이 있는 시간이 영원할 것 같고 본인이 리더라는 것도 영원할 것 같다고 생각하는 리더들이 많다.

  좋은 리더와 같이 지내다가 헤어지면 마음이 너무도 아프고 훗날 저 멀리 길거리에서 만나게 되더라도 뛰어가서 인사를 하고 가끔이라도 안부를 묻곤 하지만, 정말 싫었던 리더를 보게 되면 혹시라도 그 사람이 나를 알아볼까 두려워 돌아서 가면 먼 길임에도 길을 돌아서 간적은 혹시 없었던가? 필자 역시 그런 경험이 많이 남아 있다. 물론 좋은 사람의 모습으로 다른 사람에게 오랜 시간

기억될 필요는 없지만 그래도 우리사회는 따뜻한 정이 남을 수 있는 게 더 아름답지 않는가? 같이 근무할 때 마음으로 배려를 해주었던 리더에게는 지금도 명절이나 기념일에 사소한 문자라도 안부를 묻곤 하지만, 1년이 10년같이 길었던 리더의 소식을 듣는 것은 싫었고, 길을 가다가 어쩌다 마주치기라도 할때면 대면대면 인사만 했다.

같이 근무할 때 직원들을 사랑하고 아껴주자. 같이 사는 가족도 맘이 안 맞으면 힘들고 지치는데 타인들이 만나서 사무실이라는 한 공간에서 같이 숨을 쉬면서 같이 일하는 시간 또한 길지 아니한가? 어쩌면 가족보다도 같이하는 시간이 더 많은 직원들인데 함께 근무하는 시간에 많이 아껴주고 배려해주자.

직장을 떠나게 될 때 남는 것은 실적도, 나의 명성도 아닌 사람이 아닌가라는 생각이다. 그것도 내가 아껴주던 직원들이 남는 것이고 그 직원의 마음속에 좋은 리더로 오랫동안 남는 것이 직장생활을 잘했다는 위안이 되지 않겠는가? 어쩌다 길에서 만나면 100m 달리기를 해서라도 만나고 안부를 묻는 그런 리더가 될 수 있도록 스스로 노력하자. 떠나는 모습이 쓸쓸한 리더의 모습은 되지 말고 아름답게 떠날 수 있는 것은 그 자리에 있을 때 리더가 어떻게 하느냐에 따라 달라진다. 조직원들과의 생각의 차이를 인정하고 조금씩 양보하는 마음이 있는 리더 곁에는 더욱더 조직을 생각하는 직원들이 많아질 것이다.

▶ 아름답게 떠난다는 것, 리더 본인 스스로 여기까지만 하고 후배를 위해 자리를 떠나겠다는 것은 참으로 쉽지 않은 일이다. 여태

껏 리더가 누렸던 혜택이나 물질적인 풍요로움을 뒤로한 채 아름답게 떠나는 것은 정말 어려운 일이다. 리더인 내가 조직을 잘 이끌기도 하지만 다른 리더가 와도 역시 잘 이끌 것이다. 사람이 조직을 떠날 때를 준비하면서 후배들이 보았을 때 쓸쓸한 뒷모습은 남기지 않도록 하는 것이 중요하다.

  퇴직이 얼마 남지 않음을 알고 업무 중에는 업무에, 업무 후에는 제2의 인생을 준비하는 리더의 모습이 아름다운 것은 우리가 흔히 말하는 떠날 때를 알고 준비하는 모습이 아닐까 한다. 조직을 떠나는 그날까지 직원들을 더 사랑해주고 좀 더 직원과 아름다운 시간을 남기는 리더가 되도록 노력하자. 제 2의 인생시간이 길어진 만큼 노후를 잘 준비하는 멋진 리더가 되자. 매일 직원들과 술 먹을 약속을, 회의를 핑계로 또 회식을, 본인의 승진을 위해 다른 사람을 휴일까지 불러 힘들게 하는 그런 리더의 모습은 퇴직하는 날까지도 쓸쓸했던 기억이다. 조직을 떠나는 날까지 직원을 먼저 챙겨주고 생각해 주는 리더가 되도록 노력하고 훗날 후배를 다시 만나더라도 한치의 부끄러움이 없는 리더가 되도록 노력하자.

13 사무실 경비로 생색은 내지 말자

> 리 더 : 김팀장! 오늘은 순대가 땡기는데 전 직원 간식으로 순대 먹자.
> 팀 장 : (마감시간에 순대 등 먹거리를 준비하고) 직원여러분! 부장님께서 간식으로 순대를 사셨습니다. 빨리 와서 드세요.
> 리 더 : 김대리! 왜 안 오는거야? 빨리 와서 먹지!
> 직원1 : 네 부장님! 아직 마감을 못해서요. 금방 가겠습니다.
> 리 더 : 김팀장! 여기 순대 맛이 어때? 맛있지?
> 팀 장 : 네 부장님! 잘 먹었습니다.
> 리 더 : 김대리! 여기 오뎅도 맛있지 않아?
> 직원2 : 네 부장님 오뎅도 잘 먹었습니다.

리더는 사무실 운영을 하면서 회사의 경비를 쓸 수 있다. 그런데 이 경비를 마치 본인의 개인자금처럼 생각하는 경우가 많은데 이것은 잘못된 리더의 생각이다. 분명히 직원들을 위해서 써야하는 경비를 리더 본인의 의지대로 쓰면서 마치 본인의 자금을 쓴 것처럼 생색을 내는 리더가 많이 있지만 직원들은 리더가 회사경비를 쓰면서 생색을 낸다는 것을 다 알고 있다. 필자가 같이 근무한 리더 중의 한사람은 오후가 되면 직원들 힘들었으니 맛있는 것을 사주라고 말은 한다. 물론 경비로 말이다. 그러면서 먹고 난 직원들이 "잘 먹었습니다."라고 하면 무척이나 흐뭇한 표정으로 "그래! 잘 먹었어?."라는 대답을 하는 리더였다. 직원들이 잘 먹었다는 말을 하지 않으면 돌아다니면서 "어때 맛있었어? 이집 떡볶이 맛이 전보다 좀 다르지 않아?" 이런 말로 물어보기 때문에 그런 리더의 질문이 싫어서 직원들은 리더의 물음보다 먼저 영혼 없는 목소리로 "잘 먹었습니다."하는 것이었다.

또한 리더는 마감이라는 업무가 없어서 편하게 음식을 먹을 수 있지만 직원들은 오늘 하루 업무의 마감을 서둘러야 하기 때문에 와서 먹는 직원도 있고 바쁜 업무처리로 먹지 못하는 직원도 있는데 이런 경우는 어김없이 "아니, 왜 먹지 않는 거야? 음식은 따스할 때 먹어야지"하면서 소리를 치니 마감도 못하고 도살장 끌려가는 소와 같은 표정으로 음식을 먹어야 했다. 음식을 먹고 돌아서서 직원들이 하는 말들은 "아니 이렇게 바쁜데 꼭 같이 먹자고 하는 것인지 모르겠네."하는 것이었다. 리더는 직원들의 표정을 읽지 못하는 것일까? 아니면 읽으면서도 모르는 척하는 것이었을까? 궁금하지 않을 수 없었다. 주문하는 음식 또한 그날 리더가 먹고 싶은 것으로 선택을 하니 직원들이 기다리는 간식시간은 될 수가 없었다.

그리고 한번은 명절선물을 주었던 적이 있었는데, 이 리더는 직원들에게 선물을 하나씩 주면서 일일이 직원들과 악수를 하고 주는 것을 좋아했다. 하지만 이 역시 직원들은 리더 앞에서는 감사하다고 말은 하고 받지만 그 말이 진심이 아니었던 것을 리더 본인만 모르고 있었던 경우도 있었다. 이 경우와 대비되었던 것이 같이 근무하던 리더가 그동안 직원들이 열심히 일 한 것에 대한 고마움의 표시로 아주 작은 선물을 주었을 때 전 직원들은 정말 고맙다고 진심으로 말하는 것을 보면서 직원들도 여러 가지 선물을 받더라도 진심으로 고마워하는 경우가 있고 형식적으로 고맙다고 말하는 경우가 있다는 것을 알 수 있다.

사무실 경비로 직원들에게 선물도 사줄 수 있고 맛있는 간식을 사주는 것도 당연한 일이다. 하지만 그런 일들을 하면서 꼭 리더 본인의 개인경비로 사는 것처럼 생색을 내는 말과 행동은 삼가 하자. 직원들도 다 알고 있다. 리더가 진정으로 고마운 마음을 갖고 직원들을 위해서 간식을 사는 것인지, 아니면 리더 본인이 먹고 싶어서 간식을 주문하는 것인지… 일을 하다가 간식을 먹는 것을 좋아하는 직원도 있을 수 있고 시간이 바빠서 간식을 먹는 것이 부담스러운 직원도 있다. 이 모든 상황에 리더가 다 맞출 수는 없지만 그렇다고 해도 가급적 직원들이 좋아하는 간식과 직원들이 좋아하는 명절선물이면 더 좋을 것이다.

간식을 먹더라도 무슨 일이 있어도 다 같이 앉아서 같이 먹자고 하는 리더가 되지 말고 직원이 본인자리에 앉아서 먹더라도 이해할 줄 아는 리더가 되자. 꼭 같이 모여서 먹는 것이 좋다면 마감시간보다는 아침에 티타임 시간을 활용해서 간단한 다과와 차를 마시는 것도 좋은 사례일 것이다. 꼭 저녁에, 마감으로 바쁜 시간에 전 직원 모여서 간식을 먹는 것은 워라밸 전에 하던 일이다. 지금은 정해진 시간에 업무를 끝내야하는 경우가 많이 있다. 이런 상황에 맞추어 리더의 생각에도 많은 변화가 필요하다. 오랜 시간 동안 몸에 베어 행동들을 바꾸기는 어렵겠지만 빠른 속도로 변화하는 현실에서 리더 먼저 사고의 전환이 필요한 시점이다.

▶ 지금은 워라밸로 인해서 업무마감을 하고 늘어지게 뭔가를 먹는 것은 불가능하게 되었고, 마감시간이 촉박하다보니 직원들 역시 급한 마음으로 마감을 하는 경우가 대부분이다. 이런 경우 과거의 생각만하는 리더는 꼭 직원들의 마감과 관계없이 간식을 시키는 경우가 많이 있는데 이 또한 변화해야 하는 리더의 행동이다. 직원들에게 진정으로 고마운 마음을 표현하는 일은 다양하다. 요즘 직원들은 같이 모여서 먹는 것보다는 집에 있는 가족과 함께 먹는 것도 좋아한다. 그러므로 리더가 먹고 싶은 것은 집에 가서 가족과 함께 먹도록 하고 직원들에게 맛있는 것을 직원의 집으로 보내서 가족과 함께 먹을 수 있도록 직원을 배려하는 것도 좋은 방법이다.

예진에 알던 한 리더는 직원의 시간을 귀하게 여겨서 직원들이 마감하는 시간에 모이는 것을 피하고 맛있는 제철과일이나 또 리더가 맛있게 먹었던 음식이면 기억해 두었다가 직원들의 집으로 택배를 보낸다든지, 저녁에 손수 포장을 해서 퇴근길에 직원들에게 주면서 집에 가서 가족과 함께 먹을 수 있도록 직원의 시간을 배려해 주었는데 그 리더와 같이 근무하던 직원들이 매우 행복해 하면서 즐거운 직장생활을 했던 것이 기억에 오래 남는다.

이렇게 택배로 보내는 것도 회사의 복리후생비였겠지만 그 직원들이 무척이나 좋은 마음으로 오래 기억하는 것을 보면서 '같은 경비를 쓰는 리더들이지만 직원들의 마음속에는 좋은 리더, 나쁜 리더로 기억에 남는 것은 왜일까?'하는 생각이다. 그리고 리더가 경비로 선물을 보냈건 사비로 선물을 보냈건 리더의 진심이 느껴진다면 리더에게 감사의 인사말을 하는 것은 어떨까 생각한다. 전혀 고맙지 않은 리더의 행동이라면 감사의 말을 전달할 필요가 없겠으나 간혹 같이 근무하는 리더 중에는 진심으로 직원을 배려하고 생각하는 마음으로 선물을 보내주는 리더도 있기 때문이다.

14 중간리더(팀장)를 잘 파악하자

> 리　더 : 김팀장 이번 야유회는 1박이 좋겠지?
> 팀　장 : 그럼요. 야유회는 1박이죠! (직원들에게 공지)
> 　　　　리더께서 1박 야유회를 원해서 1박 2일로
> 　　　　가기로 했다고.
> 전직원 : 팀장님! 1박은 좀 힘든데요. 부장님께 말씀 좀
> 　　　　해주세요.
> 팀　장 : 몇 번을 말씀드렸는데 1박 2일이라고 하시네…

　사무실에서는 리더도 중요하지만, 중간에서 중재자 역할을 하는 팀장의 역할이 리더 역할 못지않게 매우 중요하다. 팀장인 중간리더들이 직원들의 생각을 정확하게 리더에게 전달하는 것이 중요하고, 직원과 리더의 의견이 불일치할 때도 중간리더 본인의 생각을 버리고 진실되게 리더에게 직원들의 입장이 전달되어야 조직의 발전을 기대할 수 있다. 하지만 지금까지 본 중간 리더들은 본인의 승진에만 눈이 멀어서 직원들의 의견은 무시한 채 리더의 편에 서서 모든 영업 활동을 리더에게 보고하고 진행하여 결국에는 리더와 직원간의 갈등조장 원인이 되었던 경우를 많이 볼 수 있었다.

예를 들면 체육행사. 회식행사. 사무실 행사 등 영업을 하는 조직에서 발생하는 크고 작은 행사 등이 결정되는 과정에서 특히나 갈등이 조성되는 경우가 많다. 직원들이 체육행사로 가벼운 산행을 하고 싶다고 중간리더에게 말을 하면, 중간리더는 직원들의 의견을 무시하고 리더에게 보고 없이, 리더가 원하는 체육행사로의 일정을 잡은 다음에 직원들에게는 "리더에게 직원들의 의견을 전달했지만 리더가 1박 2일을 원해서 어쩔 수 없이 1박 2일로 가야한다."는 경우가 가장 많았다. 궁극적으로 리더는 중간리더에게 직원들이 원하는 활동으로 체육행사를 하라고 지시했지만 중간리더는 직원들의 의견을 리더에게 전달하지 않은 채로 리더의 의견만 물어보고 리더의 의견대로 결정하면서 리더에게는 직원이 원하는 것이라고 보고하고 직원에게는 직원들의 의견을 리더에게 전달했지만 리더가 다른 행사를 원하니 리더가 원하는 행사로 해야 한다고 의사결정을 하는 경우이다.

위와 같은 결정이 된 가장 큰 계기는 중간리더 자신이 1박 2일의 체육행사를 좋아하는 직원이었고 술을 너무도 좋아하는 직원이었기 때문인 것이다. 즉 리더를 핑계 삼아 본인의 생각대로 직원행사를 진행한 것이다. 직원들이 토요일 오전 행사 후에 일찍 귀가하는 의견을 취합해서 중간리더에게 보고했지만 그 의견을 무시한 채 리더가 중간리더에게 1박 2일은 어떠냐고 물으니, 1박 2일이 전 직원들의 의견이라고 보고가 되면서 그런 어처구니없는 의사결정이 된 경우였다. 그러기 때문에 리더는 중간리더를 잘 살피어 직원들의 의견이 정확하게 리더 본인에게 전달되는지 아니면 중간에서 직원들의 의견이 변경되어 전달되는지를 잘 살펴볼 필요가 있다.

또한 회식을 하기 위해서 날짜를 선택하는 경우에도 리더가 시간이 되는 날이 공교롭게도 직원들의 개인적인 약속이 많아서 회식하기가 어려움에도 불구하고 리더가 원하는 날짜이니 모든 개인적인 약속을 취소하라고 통보하면서 회식날짜를 일방적으로 통지하는 중간리더도 볼 수 있다. 이렇게 되면 리더와 직원들의 관계에서 신뢰가 사라지고 서로 상대방의 탓으로 이런 결정이 되었다는 잘못된 생각에 사무실의 실적증대에도 도움이 되지 않는다.

중간리더라면 위와 아래를 적절하게 맞추어서 영업의 성과창출에 도움을 줄 수 있는 촉진제의 역할이 필요하다. 진정으로 조직을 위한 마음으로 리더를 보좌하면서 직원들의 의견을 무리 없이 전달하고 실행할 때, 조직의 성과창출을 기대할 수 있다. 촉진제 역할인 중간리더의 행동에 따라 최고의 리더가 전 직원에게 존경을 받을 수도 있고, 전 직원에게 왕따 아닌 왕따를 당할 수도 있기 때문에 직원의 의견을 진실되게 전달하여 리더가 직원의 마음을 정확히 판단할 수 있게 하는 것이 중요하다. 그렇다면 최고의 리더는 '과연 중간리더기 진실된 전달을 하는 것인지 아니면 중간리더가 본인의 욕심을 위해서 전달하는 것인지는 어떻게 알 수 있을까' 하는 의구심이 생길수도 있다. 하지만 그것은 직원들에게 조금만 관심을 갖고 직원들과 대화를 하다보면 알 수가 있다.

물론 직원들은 리더와 대화를 하게 되면 진정으로 직원 본인이 원하는 진실된 대화를 하지 않는 경우가 많다. 맛없는 음식도 리더가 "맛있지?" 하면 영혼 없이 "아~ 네" 이렇게만 대답하는 경우가 많다. 그것은 그동안 리더와 자연스런 소통이 없었고 리더 자신이 직원들의 말에 귀를 기울이지 않았거나, 리더와의 관계가 소통하지 않는 관계였기 때문이다. 그러기 때문에 리더는 늘 직원에게 관심을 갖고 직원의 의견을 청취하는 소통이 필요하다. 직원들의 한마디 한마디가 그 직원을 파악하는데 중요한 요소인 것이다. 직원들의 말은 듣는 둥 마는 둥 하고 리더의 말만 전달하게 되면 쌍방의 소통이 불가능해 진다.

리더는 중간리더가 중간리더로서 역할을 할 수 있게 하는 것도 리더의 덕목이라고 할수 있다. 중간리더 본인이 좋아하는 의견만 직원의견이라고 전달하고 중간리더 본인이 싫어하는 직원들의 의견은 무시하는 중간리더도 많이 있다. 그러기 때문에 리더는 직원들과의 불편하지 않는 소통으로 직원들의 성향과 관심사항을 파악하고 관심을 가져주고, 직원들이 늘 편한 마음으로 보고할 수 있는 리더가 되는 것이 중요하며, 중간리더가 과연 직원들의 의견을 정확하게 전달하고 있는지 관심을 갖고 파악하는 것이 사무실의 성과창출에 많은 도움이 될수 있다.

▶ 리더는 직원과 리더의 중간에 있는 팀장급직원들의 성향을 파악하는 것이 중요하다. 리더가 모든 부분에 시시콜콜 신경을 쓸 수 없으므로 어느 정도의 위임을 팀장에게 하고 리더는 큰 숲을 그려나가는데 한 나무의 가지라고 할 수 있는 팀장들의 성향파악이 제대도 되지 않는다면 전 직원을 통솔하는데 어려움이 있다. 그러므로 리더는 팀장이 지나치듯 하는 말에도 귀를 기울여서 과연 팀장이 올바른 의견을 리더 자신에게 주는지 아니면 직원들의 의견이 왜곡되어서 리더 자신에게 전달되는지 신경을 써야한다.

15 자율적으로 움직이는 조직을 만들자

> 직원1 : 오늘 부장님 교육이시래… 정말 신난다.
> 직원2 : 오늘은 우리의 세상이네, 부장님 자주
> 　　　　교육가시면 좋겠다.
> 부　장 : (교육을 받으면서도 속으로는) 내가 없다고
> 　　　　직원들 모두 실적도 없이 지내는 건 아닐까?
> 　　　　교육 빨리 끝나고 사무실 가서 실적체크도 하고
> 　　　　사무실이 잘 돌아갔는지도 살펴봐야겠군.

　우리 조직에는 리더가 있으나 없으나 자율적으로 계획을 가지고 움직이는 조직이 있는 반면, 리더가 있는 날은 업무에 열중하는 척하고, 리더가 사무실에 없는 날은 방학처럼 아무것도 안해서 성과창출이 전혀 되지 않는 조직이 있다. 이렇게 리더가 없으면 성과창출이 되지 않는 조직은 리더가 업무처리에 심한 간섭을 해서 조직의 모든 의사결정을 하는 경우가 대부분이다. 이런 조직은 늘 리더의 지시만 받다보니 직원들 생각이 마비되어 리더만 없으면 아무것도 할 수 없는 상황을 리더가 만들어 주었기 때문이다.
　리더가 일정상 또는 휴가로 인하여 사무실을 비우게 되면 직원

들은 신이 나서 업무를 대충대충 하고 쉬는 날로 생각해서 전혀 성과가 나지 않고, 리더는 출장이나 휴가 내내 사무실 생각으로 불안해진다. 리더의 몸은 사무실이 아닌 곳에 있으면서 생각은 온통 사무실영업성과 생각만을 하게 된다. '내가 없어도 사무실의 영업이 잘될까? 내가 없는데 직원들이 영업을 열심히 하지 않는 것은 아닌가?'라는 생각으로 중요한 미션의 출장인데도 불구하고 리더의 생각은 사무실에 와있게 될 것이다. 이런 조직은 절대 자율적으로 움직일 수가 없다.

이렇게 자율적으로 움직이지 않는 사무실 상태가 되기 전에 리더는 자율적으로 움직일 수 있는 조직을 만들어 주어야 한다. 모든 조직원들이 자율적으로 움직여서 스스로 성과창출을 하고 리더가 없는 때에 더 열심히 할 수 있는 조직을 만들어야 한다. 이러한 조직을 만들기 위해서는 평소에 적절한 책임과 권한을 직원들에게 위임하고, 위임을 했으면 직원을 믿고 자율적으로 움직일 수 있도록 해야 한다. 적절한 권한의 위임은 직원으로 하여금 자발적으로 열심히 할 수 있는 시스템의 기본요소가 된다.

하지만 대부분의 리더들은 리더 자신이 없으면 움직이지 못하도록 중요도에 관계없이 모든 일을 보고 받고 아주 사소한 것도 리더가 결정해서 지시를 하다 보니 리더 본인도 피곤해지고 일반직원도, 중간리더도 서로가 업무는 많아지고 빠른 의사결정이 안되다 보니 업무의 성과도 떨어지게 된다. 이런 상황이 되면 조직전체가 모든 업무처리의 의사결정을 리더에게 받게 되어 언제나 리더의 지시만 기다리고 리더의 지시가 없으면 업무처리를 하지 못하는 웃지 못할 현상이 나타나게 된다. 모든 것을 리더 본인의 어깨에 놓을지, 아니면 중간 리더에게 책임과 권한을 위임해서 직원 모두 함께 행동할 것인지의 결정은 오로지 리더의 몫이다.

예전에 상반된 성격의 두 리더를 볼 수 있었던 기억이 있다. 한 명의 리더는 직원 개개인의 능력을 인정해서 지시할 것과 중간 리더선에서 결정이 되어야 할 것을 정확하게 구별을 해서 조직을 이끌다 보니 리더가 있거나 없거나 직원들의 성과창출을 기대할 수 있었다. 직원들도 리더가 없는 날엔 더욱 더 책임감을 가지고 성과를 높이려고 업무에 열중하였고 중간리더 또한 리더가 없는 날에 더 많은 성과창출을 위해서 직원들을 독려할 수 있는 아침모임으로 활기차게 업무를 시작하였다. 같이 근무하는 필자 역시 중간리더였지만 리더가 늘 믿고 성과창출할 수 있는 시간을 준 덕분에 리더가 없는 시간에는 더 업무에 집중해서 성과를 올리려고 노력을 하였다.

늘 우리가 말하는 직장에서의 주인이라는 생각으로 업무를 하였던 것이다. 전 직원이 이렇게 움직이다 보니 직장분위기도 좋았으며 성과 역시 탁월하게 낼 수 있었던 계기가 되었다. 하지만 또 한 명의 리더는 모든 것을 리더 본인이 결정하고 지시를 하다 보니 리더만 없으면 전 직원이 방학을 맞이한 학생들처럼 자유롭기만 했다. 그리하여 아침이면 전 직원 연수도 해야 하지만 리더가 없으니 연수도 생략되었고, 직원들을 독려해서 성과를 창출해야할 중간리더 역시 직원들을 독려하는 직원모임도 하지 않았으며, 직원들 역시 업무시간이 다 되어가지만 업무를 할 생각보다는 옆 직원과 떠들면서 업무준비는 뒤로 가있었다.

비록 우리가 직장의 주인이 아니고 종업원이라고 하더라도 늘 주인정신을 지니고 업무를 처리해야 더 많은 성과창출이 가능할 뿐만 아니라 본인의 가치를 높이는 일이기도 하다. 직장인이지만 어떤 생각을 가지고 어떻게 행동하느냐에 따라 나만의 브랜드가 생기는 것이다. 어느 조직에서나 인사이동은 있다.

그때 "우리 부서로 전입 오는 직원 어떠냐?"고 이렇게 물었을 때 3초 이내로 "그 직원 정말 괜찮은 직원이야."라는 말을 듣는 경우가 있고, "글쎄 한번 겪어봐야 될 것 같은데…." 이렇게 끝말을 흐리는 대답을 듣는 경우가 있다. 모든 사람들은 전자의 경우가 나의 경우였으면 할 것이다. 하지만 불행하게도 후자에 속하는 직원이 많이 있다. 이것은 직원이 책임의식이 있고 없고의 차이일 것이다. 책임의식이 없는 직원만 있는 사무실에서 리더의 부재는 모든 일을 올스톱시키고 성과도 없이 하루가 마감되는 것을 자주 볼 수가 있다. 그래서 리더는 직원관리가 매우 중요하며, 직원모두가 주인의식을 지니고 근무할 수 있도록 리드하는 것이 중요하다. 리더가 있거나 없거나 모든 직원이 자율적으로 움직이는 자율적인 조직을 만들기 위한 노력은 리더의 역량이라 할 수 있다.

▶ 간혹 직원 중에는 리더가 뭐라고 잔소리를 하는 날만 반짝하게 실적을 올리는 직원을 볼 수 있다. 매일 실적을 체크하다보면 리더의 입장에서는 이직원은 늘 열심히 하는 직원, 이직원은 잔소리를 해야만 하는 직원 이렇게 분류가 되는데, 우리는 성인이지아니한가? 초등학생도 아닌데 어찌 리더가 잔소리를 할 경우만 신경써서 성과창출을 한단 말인가? 조직에서 본인이 해야 할 업무와 실적을 스스로 할 수 있는 직원이 아쉬운 현실이다.

또한 리더가 좋은 목소리로 말하면 그냥 대답만하고 흘려버리면서 리더가 인상 쓰면서 소리를 지르듯 업무와 실적 지시를 해야만 마지못해 실적을 한두 개 하는 직원은 되지 말자. 이 얼마는 직장생활을 재미없고 주인이 되지 못하는 직원이란 말인가? 리더의 입장에서 보면 스스로 알아서 목표를 세우고 실천하며 성과를 창출하는 직원에게 관심이 더 갈 수밖에 없다. 늘 주인의식을 가지고 스스로 계획하고 실천하는 직원이 되도록 모두 노력하자.

16 직원 개개인을 파악하는 리더가 되자

> 직원1 : 부장님! 조만간 큰 건의 성과가 있을 것 같습니다.
> 리 더 : 그래? 역시 자네는 늘 열심히 하는군.
> 직원2 : (업무추진을 열심히 하지만 아직 성과가 결정되지
>   않아서 보고는 안 한 상태이며 성과창출을 위해서
>   무척이나 애를 쓰고 있음.)
> 직원1 : (반년의 시간이 흐른 후) 부장님! 그 건은 잘
>   안되었습니다.(매번 보고만 먼저하고 성과는 없는
>   직원)
> 직원2 : 부장님! 이번에 성과가 얼마 있었습니다.

　리더라고 저마다 다른 환경에서 자라고 생각의 깊이가 다른 직원들을 일일이 파악하는 것은 매우 어려운 일이지만 직원 개개인의 성격과 성향을 파악하고 그 직원에 대해 말을 하거나 업무지시를 하는 것이 매우 중요하다. 같이 근무한 직원 중에 한 직원은 본인 일도 잘 하지도 않고 실적도 하지 않았음에도 리더에게 보고할 때는 본인이 했다고 말하는 직원이 있고, 어떤 직원은 본인 일도 열심히 하고 조직에 성과가 나는 일도 많이 하면서도 전혀 본인이 했다는 것을 생색내지 않고 항상 실적의 공을 다른 직원에게 돌리

는 직원도 있다.

  극단적으로 이렇게 두 부류의 중간리더들이 있는 경우 진정으로 직원을 잘 파악하고 있는 리더라면 후자의 직원을 칭찬할 것이며, 어떤 직원이 진실을 말하는지, 그리고 조직에 이익이 되는 직원인지를 알 수 있다. 하지만 직장생활을 하다보면 많은 리더들은 리더 본인에게 듣기 좋은 말을 하는 직원이 일을 더 잘한다고 말하고 조직에 진심으로 필요한 인재라고 말하는 리더를 많이 볼수 있다.

  같이 근무한 리더 역시 본인에게 좋은 말만 하는 직원은 고과도 잘 주고 열심히 일하는 직원이라고 칭찬을 하면서도, 성과창출도 뛰어나며 직원들과의 협업도 잘해서 많은 성과를 낸 직원이지만 직원 편에 서서 바른말하는 직원에게는 고과도 잘 안 주고, 다른 곳에서 직원들의 이야기가 나오면 직원 편에 선 직원이 일도 잘 안 하고 전 직원과 협업도 안 된다고 말하던 최악의 리더가 생각난다.

  오랜 직장생활로 많은 성향의 직원들을 볼 수 있는데 특히나 같이 근무하기 싫었던 중간리더는 모든 성과는 본인이 했다고 위에 리더에게 보고하고, 항상 리더 앞에서 '우리 리더가 최고'라고 외치면서 오로지 리더가 듣기 좋은 말만 하는 중간리더들이었다. 직원들의 어려움이나 직원의 말은 무 자르듯이 딱 자르면서 리더의 말만 듣고자했고, 직원에 대해서 정확히 파악하지 못한 리더는 위의 중간리더를 굉장히 소중하게 생각하였던 최악의 영업점 상황도 있었다. 다른 성향의 중간리더는 누가 봐도 열심히 하면서 다른 직원과 협업으로 성과가 났더라도 중간리더인 자신이 성과를 냈다고 보고하지 않고 협업한 직원이 성과를 냈다고 보고하는 중간리더들이다.

직원의 성향파악을 못한 리더가 후자의 중간리더에게 왜 이렇게 실적이 없냐고 추궁하듯이 질책하면서 말을 했고, 그 말을 들은 중간리더는 사무실의 상황을 전혀 모르는 리더의 말과 행동에 상심할 수밖에 없었던 경우도 있었다. 이런 리더는 직원관리도 안되고 직원의 성향 파악도 못하는 리더이다. 이런 일이 발생하는 이유는 리더 자신이 듣고 싶은 말만 듣고, 리더 본인에게 듣기 좋은 말만 하는 직원과 같이 시간을 보내고 그 직원이 하는 말만 으로 직원들을 평가하기 때문이다. 안타깝게도 우리 주위에는 이런 리더들이 많이 있고 이런 일로 하여금 직원의 마음에 상처와 더 크게 조직에 몰입할 수 있는 마음을 리더 본인이 저해하는 경우가 허다하다.

리더는 직원들의 성향파악이 중요하며, 가까이에서 리더 본인이 하는 일들은 모두 잘하는 것이라고 말하는 직원을 경계하여야 한다. 리더 본인에게는 쓴말이지만 직원모두를 위하는 말에 귀를 귀울여야 한다. 사실 리더에게 "이번일은 이렇게 처리하시면 안 됩니다."라고 진실되게 말하는 것이 매우 어려운 일임에도 그렇게 말을 하는 직원이 있다면 리더 자신은 그렇게 바른말을 하는 직원에 대해서 기분 나빠할 것이 아니라 좀 더 깊은 생각으로 진실을 파악하려는 노력이 중요하다. 왜냐하면 그것이 리더를 위하고 궁극적으로 조직의 발전을 도모하는 일이기 때문이다.

▶ 직장생활을 하다보면 항상 말로먼저 실적을 할 거란 직원이 있고 실적을 성공시키고 말하는 직원이 있다. 확실하게 성공할 실적이면 먼저 보고해도 좋겠지만 성공할 확률이 아주 저조함에도 불구하고 커다란 풍선처럼 과다하게 보고하는 직원들이 의외로 많

다. 돌이켜 생각해보면 말로 먼저 보고한 직원들의 실적이 실제 실적으로 성공된 경우는 별로 많지 않았다.

함께 근무한 직원이 늘 "오늘은 누굴 만나서 이만큼의 실적을 할 예정이다", "업무의 성공을 위해서 오늘은 술을 먹여야 한다." 이런 식의 보고만 먼저 한 직원이었지만 한해가 끝나는 날까지 작은 실적도 하지 못하는 직원을 본 적도 있다.

리더라면 직원이 어떤 성품의 직원인줄은 다 알고 있을 텐데 일단 말로 먼저 보고를 하는 직원이 일을 열심히 한다고 말하는 것을 볼 때면 아쉬운 생각이 든다. 실적에 대한 칭찬은 보고된 실적이 성공된 후에 해도 될 텐데도 "우리 이대리가 정말 열심히야. 조만간 큰 실적이 나온다네." 하면서 전 직원에게 자랑 아닌 자랑만 하고 결국에는 실적이 나오지 않는 경우가 많았다.

물론 먼저 예상된 성과를 알리고 성과가 창출될 수도 있고 아닐 수도 있지만 직원의 성향에 따라서 하려는 의지보다도 말 먼저 하는 성향의 직원도 있다. 그리고 성향이 다른 한직원은 앞으로 성과 창출이 되도록 열심히 노력을 하고 있지만 먼저 보고를 하면서 떠벌리지 않는 직원이다. 나중에 성과가 창출되었을 때 보고를 하는 성향인데 어느 직원이 올바른 행동이라는 말은 아니다. 단지 성향이 다른 직원들의 행동을 파악하고 어느 쪽에 치우침 없이 직원을 평가하는 것도 리더의 덕목이다.

17 리더의 일을 하자

> 리더 : 김팀장! 낼 연수 있나? 내가 좀 전달할 말이 있어서.
> 팀장 : 어제도 전달하셨는데 내일도 부장님께서 전달하시려구요?
> 리더 : 직원들이 업무를 잘 모르는 거 같아서 내가 전달해야겠어. 연수는 앞으로 내가 전달하는 게 낫지. 나의 경험담과 함께.

팀장을 하다가 최고의 리더가 된 사람은 팀장의 업무가 아닌 최고 리더의 일을 하자. 팀장이었다가 리더가 된 이후에도 팀장인 중간리더의 일을 맡아서 해버리면 정작 일을 해야 할 중간리더는 할 일이 없게 된다. 아니 일을 하고 싶은 마음이 없어진다. 중간리더가 알아서 해야 할 일이건만 리더의 계속된 팀장역할로 팀장이 본인의 업무를 할 수 없기 때문이다. 이것은 우리가 흔히 말하는 권한 위임이라고 말하는 것으로 모든 일을 최고의 리더가 혼자 할 수 없기 때문에 원활한 업무처리를 위해서 업무에 대한 권한 위임이 리더를 리더의 자리에, 중간리더를 중간리더의 자리에 안착시킴으로서 효율적인 조직의 운영 및 많은 성과를 창출할 수 있다.

필자가 근무할 때도 중간리더에게 권한위임이 안되어서 영업에 매진을 못하고 최하위의 실적을 거양한 적이 있었다. 팀장을 하다 리더로 발령받은 리더와 같이 근무하는데 이 리더는 아침, 저녁으로 중간리더들을 불러서 회의를 했고, 아침저녁뿐만 아니라 업무 중에도 계속해서 부르다 보니 중간의 리더들이 업무에 집중을 하지도 못하고 업무를 할 수도 없는 상황이 된 것이다.

사무실에 작은 문제라도 발생하거나 작은 의사결정 사항이라도 발생하면 또 중간 리더들을 불러서 물어보고 팀장들의 의견일치가 된 사항도 결정을 못하는 시간이 길어짐에 따라 리더와 팀장 그리고 일반직원들까지 영업에 집중을 할 수가 없었다. 그 리더는 회의뿐만 아니라 뭔가 하나 결정할 일이 있으면 여기 물어보고, 저기 물어보면서 정작 결정할 시점에 리더의 결정이 없어서 더욱 힘들었던 기억이다.

큰 그림을 그려서 커다란 숲을 완성해야할 리더가 사소한 일에 신경 쓰면서 작은 나뭇가지의 일들만 일일이 간섭을 한 결과 최하위 영업성과를 내있고 그 리더는 그런 영문도 모른 채 직원들이 열심히 일하지 않아 성과가 나지 않았다고 직원들만 못마땅하게 생각했던 어려운 시간이었다.

어렵겠지만 리더는 리더의 일을 해야 하고 적절한 권한 위임을 통해서 아래 직원들이 스스로 일을 하게끔 리드하는 것이 궁극적으로 우수한 성과를 거둘 수 있는 지름길이다. 영업도 무엇을, 언제 해야 하는지 할 때가 있다. 연초에 집중해야 할 일과 연말에 집중해야 할 것이 있고, 오늘 해야 할 일과 내일 추진해도 될 성과가 있으며, 선택과 집중이라는 차원에서 버리고 갈 것과 꼭 해야 할 영업성과가 있는데 리더가 그것을 정확히 알고 정확한 방향제시를 하지 않는다면 직원들은 목표 없이 힘들게 일만하게 된다.

회의를 많이 한다고 좋은 영업성과가 있는 것은 아니다. 아무리 리더라 하더라도 업무에 열중하는 직원들을 아무 때나 호출하고, 본인의 시간에 맞추어서 아무 때나 회의를 하는 것은 리더 스스로 지양해야할 일인 것이다. 리더는 리더의 일을 하고 일정한 권한은 중간리더에게 위임함으로써 숲이 완성될 수 있도록 리드하는 리더가 되자. 무조건 하는 회의를 줄이고 직원들의 입장에서 조금만 생각해주고 적당한 권한 위임이 있으면 영업성과는 향상될 것이다. 또한 리더가 직원을 믿고 권한을 위임하면 직원들은 알아서 더 영업성과에 추진하게 된다.

▶ 권한이 위임되면 두 종류의 직원을 볼 수 있다. 한 직원은 본인이 위임받은 권한 안에서 열심히 직원들을 리드하는 직원이 있고, 권한을 줘도 중간리더의 업무를 하지 않아 궁극적으로 리더가 많은 의견을 제시해야하는 직원이다. 중간 리더라면 스스로 자부심을 지니고 직원들을 리드하는 중간리더가 되자. 리더의 눈치를 보면서 리더가 잔소리를 해야만 연수와 전달사항을 전달하는 수동적인 중간리더는 되지말자. 리더가 "직원회의 좀 해야 하지 않겠어?" 라고 말을 해야만 직원들과 모여서 회의를 하는 중간리더를 보면 위임받은 권한을 스스로 버린 직원이다.

또한 직원회의를 할 때마다 중간리더의 생각은 없는 듯이 "우리 리더가 이렇게 말했으니까. 이 부분에 집중해보자.", "우리 리더가 말한 것처럼 오늘은 실적을 몇 개 해보자." 이런 식의 회의는 스스로 수동적인 중간 리더인 것이다. 중간리더 스스로 권한을 위임받은 리더라는 자부심을 지니고 직원들을 리드하는 것이 리더의 입장에서 보았을 때 믿음이 가는 직원이다. 리더가 외부에서 그리고 영업점에서 리더의 일을 할 수 있도록 옆에서 도와줄 수 있는 중간리더가 될 수 있도록 노력하자.

필자가 영업점 리더로 생활할 때 사무실 안에서 모든 일을 잘 처리해주었던 중간리더가 있었기에 사무실생각을 떨쳐버리고 외부에서 영업에 매진할 수 있었던 기억이 난다. 외부에서 일을 처리하고 사무실로 복귀를 하면 중간리더가 사무실에서 있었던 크고 작은 일들, 아침에 어떤 연수를 했는지, 그리고 오늘은 어떤 실적에 집중을 했는지 등등 빠짐없이 보고하고 직원들을 챙겨주었기 때문에 리더의 일을 할 수 있었던 시간이다. 그리고 중간리더나 직원들에게 하나 더 부탁을 한다면 리더의 지시가 있는 일은 중간보고가 꼭 필요하다.

리더가 어떤 일을 지시했을 때 두 부류의 직원이 있는데 첫 번째는 중간 중간 일의 미무리 형태를 보고하면서 좀 더 잘될 수 있는 의견까지 주는 직원이 있는 반면, 또 한 부류의 직원은 지시한 일을 하는 것인지 아니면 신경을 안 쓰는 것인지 도무지 알 수 없는 직원이 있다. 결국에 진행상황이 답답한 리더가 한 번 더 물으면 그제서야 "지금하고 있습니다." 이런 짧은 대답을 하는 직원인 것이다. 당신이 리더라면 어떤 직원과 업무를 처리할 때 좋은 결과가 있겠는가? 리더의 지시에는 중간보고가 꼭 필요하다.

18 권한을 위임했으면 믿어주자

> 리더 : 김팀장이 이 프로젝트를 잘 할 수 있을까?
> 직원 : 항상 그렇듯이 이번 프로젝트도 부장님께서
>   지시하시겠지!
> 리더 : 김팀장! 이 프로젝트 이 부분은 내가 말한 대로
>   하는 것이 좋겠어.
> 직원 : 일을 하다 변경하지 말고 그냥 부장님 지시를
>   기다리는 게 빠른 업무처리지 …

리더가 조직의 모든 것을 다 할 수는 없다. 직원교육, 마케팅, 업무 등등 모든일을 리더가 계획하여 이렇게 해라, 저렇게 해라 지시를 하게 되면 중간리더는 모든일에 대해서 알아서 하지 않고 오로지 리더만을 바라보게 되고 리더가 시키는 일만 하게 된다. 어떤 업무처리에 대해서 중간리더가 방안을 리더에게 제시하는 것이 아니라 '우리리더가 의견을 또 제시해주겠지.'라는 생각으로 적극적인 중간리더의 일을 하지 않는다.

리더는 권한을 위임했다면 권한 받은 중간리더를 믿고 중간리더가 생각하고 좀 더 창의적으로 업무를 할 수 있는 분위기를 만들

어 주는 것이 중요하다. 필자 역시 중간리더 시절에 모든 일을 알아서 계획하고 보고하는 중간 리더였지만 새로 온 초임리더가 모든 업무처리를 본인의 색깔에 맞추어 리더 스스로 리더가 아닌 중간리더가 되어서 중간 리더 역할을 함으로써 무슨 일이 생겨서 보고를 하게 되면 필자나 직원들의 의견은 낼 수 없고 꼭 리더에게 묻고 리더의 결정을 기다리는 그런 수동적인 직원이 된 적이 있다.

중요한 결정도 아니고 아주 사소한 결정으로 직원의 생각만을 보고해도 되지만 모든 일에 리더가 신경을 쓰다 보니 항상 리더에게 질문을 했던 것이다. 그러다 보니 어느 순간인가 "그냥 리더가 시키는 대로, 시키는 것만 해야겠다."는 생각으로 창의성 없이 리더의 지시사항의 일만 했던 경험이 있다. 왜냐하면 어차피 리더의 생각대로 의견이 바꾸어지기 때문에 힘들게 고민을 하거나 직원들과 의견을 도출시킬 필요성이 없었기 때문이다.

어떤 안건에 대해 직원들과 의논하고 고민해서 보고를 해도 어차피 다른 방향으로, 즉 리더만의 생각으로 진행될 것을 알기에 중간리더의 입장에서 생각해보고 아니면 직원들의 의견을 들어보는 과정이 없어지고 무조건 리더에게 보고 먼저하고 리더의 결정만 기다리던 기계가 되어버린 것이다.

결론적으로 리더가 중간리더에게 권한을 위임하지 않고 모든 일을 챙기다 보니 중간리더는 할 일이 없어지고 지시하는 것만 하는 기계적인 중간리더가 된다. 창의적으로 잘하던 직원이 리더가 시키는 일만 하는 직원으로 변하는 것은 개구리가 서서히 죽어가면서도 몰랐던 것처럼 조금씩 안 좋은 쪽으로 변하고 있다는 사실을 뒤늦게 알기 때문이다.

리더는 사람을 믿고 쓸 수 있는 능력도 필요하다. 믿고 쓸 수 없는 경우에는 믿고 쓸 수 있도록 그 사람을 변하게 만들어야 하지 않은가? 리더 혼자서 모든 것을 할 수는 없다. 권한을 위임하고 중간리더가 스스로 할수 있도록, 혼자 설수 있도록 코칭하는 것이 길게 영업성과를 창출하는 방법인 것이다. 리더와 직원들이 한 방향으로 함께 갈 수 있는 것이다.

특히 요즘은 많은 사람이 권한을 갖고 업무를 할 때 자발적인 행동으로 능동적이 조직이 된다. 직원 모두가 주인의식을 갖게 되어 조직의 발전과 더불어 성과가 향상 될 수 있다. 직원들에게 권한을 주고 권한을 주었으면 믿고 맡겨주는 것도 리더의 일이다. 하지만 영업의 특성상 단기성과로 평가 받다보니 리더가 되고나면 실적을 기다리는 시간이 길게만 느껴진다. 성과는 올라야 하는데 리더에게는 시간이 없기 때문에 권한을 위임했어도 기다려주지 못하는 경우가 대부분이다. 하지만 조금은 기다려주는 리더가 되자.

▶ 리더였을 때의 일이다. 외부로 영업을 많이 다니다 보니 안에서의 일은 중간리더에게 위임을 하고 맡겨두는 경우가 많았다. 그런데 어느 순간 실적향상이 전혀 되고 있지 않아서 외부영업을 잠시 멈추고 사무실 내부를 지켜본 결과 중간리더들이 전혀 직원들을 리드하고 있지 않았던 것이다.

부진지표가 있거나 좀 더 신경 쓸 실적이 있으면 직원들끼리 회의도 하면서 "어떻게 하면 좀 더 실적향상이 될까?"를 고민하고 좋은 방향을 리더에게 제시를 해주었어야 하는데 리더가 외부로 나간 순간부터 그냥 즐거운 사적농담만 하는 사무실이 되어있었던 것이었다. 위임을 하고 중간리더를 믿었는데 "아! 믿는 도끼에 발등이 찍혔네."라는 속담이 생각나던 시간도 있다. 리더는 직원에게 위임을 하고 직원을 믿더라도 가끔은 체크 하는 것도 중요한 일이다.

19 위임을 했으면 기다려 주자

> 직원을 믿어줄 때 더 좋은 성과 창출이 된다.
> 직원을 믿고 기다려주자.

　보통 많은 조직에서는 성과기간이 짧아서인지 위임을 하고도 리더들은 성과창출을 기다리지 못하는 경우가 많이 있다. 매일 매일이 불안하고 뭔가 지시를 하지않으면 팀장급인 중간 리더가 일을 안 한다고 생각하기 때문이다. 물론 단기간에 성과가 창출되는 경우도 있지만 환경이 바뀌었거나, 기타 여러 가지 사유로 시간이 조금 걸려서 성과로 연결되는 경우가 있음에도 리더들은 기다리는 것을 못하고 같은 독촉과 지시를 매 시간하는 경우가 많다.

　필자가 중간리더로 영업부서가 바뀌어져서 새로운 영업부서로 간 경우가 있었다. 새로 간 영업부서에 출근을 한지 일주일도 안 되었지만 리더가 같은 지시를 대략 백번도 넘게 했다는 생각이 들 만큼 계속 부르고 한 시간 전에 했던 같은 지시를 또 다시 하는 바람에 도무지 업무에 몰두할 수가 없었던 경우가 있다.

중간리더쯤 되면 전체적인 성과에도 관심을 갖고 아침저녁으로 성과수치를 보면서 어떻게 할지에 대한 고민으로 영업추진을 하는데도 불구하고 리더는 하루에도 열 번 이상을 불러서 중간리더가 고민하는 지표를 가리키며 어떻게 해야 하는지, 무슨 계획이 있는지, 직원들을 어떻게 움직이게 할 것인지를 매번 똑같이 물어보는 것이다. 궁극적으로 일에 대한 몰두는커녕 리더와 마주치는 것이 두려워지기까지 했던 시간이다.

중간리더의 업무스타일이 리더가 말을 안 하면 안 움직이고, 리더가 말을 할때만 움직이는 스타일이라면 위와 같이 매번 불러서 각인시키고 일을 하게끔 하는 경우가 필요하지만 리더의 지시가 없어도 알아서 하는 중간리더라면 시간이 조금 걸리더라도 믿고 기다려 줘야한다. 일단 위임하고 맡겼으면 그리고 한번 지시를 했으면 어느 정도는 기다려줘야 하지 않겠는가?

오랜 시간이 지나 그 리더에게 왜 그렇게 매번 똑같은 질문을 했고, 일을 추진하고 있는 것을 알고 있음에도 왜 그렇게 불러서 지시를 했냐고, 질문 해보았더니 그 리더가 하는 말이 아직도 기억에 남는다. "본인이 질문을 하지 않으면 리더인 자신이 아무 일도 하지 않는다고 직원들이 생각하는 거 같아서" 그렇게 질문을 한 것이라고… 과연 그럴까? 리더가 질문을 하지 않는다고 리더가 일을 안 한다고 어느 직원이 생각을 한단 말인가? 리더는 리더의 일을 한다고 생각하고 직원들은 본인의 일을 하고 있다. 물론 리더가 일을 하는지 아니면 말로만하고 리더 본인은 열심히 하지 않는지는 직원들이 다 알고 있다.

리더는 위임을 했으면 성과에 대해서는 조금만 기다려 주자. 영업환경이 바뀌어서 중간리더가 힘들어 한다는 것을 안다면, 아니 환경이 바뀌지 않았다 하더라도 열심히 하는 중간리더는 영업에 대한 고민을 하면서 적극적으로 일을 추진하는 것을 알고 있다면 기다려 주자. 위임을 한 만큼, 리더가 믿어주는 만큼 영업성과를 올리기 위해서 직원들도 최선을 다할 것이다.

또한 우리 중간리더와 직원들은 위와 같은 상황이 생기지 않도록 리더가 어떤 지시를 하면 중간중간 보고를 해주어 리더의 지시사항을 잘하고 있다는 것을 리더에게 알려주는 것도 중요하다. 리더가 같은 말을 여러 번 한다는 것은 아마도 실적에 대해 많은 부담감을 느끼면서 전 직원이 같이 달성해주었으면 하는 마음에서 일 것이다. 특히나 단기성과로 평가받는 조직에서는 리더가 성과를 기다림에 매우 초조한 경우가 많다. 그러기 때문에 위임을 받은 중간리더는 지시사항에 대해서 어떻게 하고 있는지, 어떤 성과가 나고 있는지를 먼저 보고함으로써 리더가 중간리더를 불러서 업무 추진에 대해 물어보는 일은 줄어들 것이다. 성과는 리더와 전 직원이 하나가 되어서 같이 움직임으로써 더욱 크게 나타나는 것이다.

▶ 1년마다 영업점 성과를 평가 받기 때문에 사실 리더로서 직원을 믿고 성과가 나기만을 기다린다는 것은 매우 어려운 일이다. 특히나 직원파악이 다 된 경우라면 조금 덜하지만 처음 다른 영업점에 부임해서 직원들의 업무 스타일을 모른다거나 직원이 새로 합류한 경우에는 더욱 초조해진다. 단기에 많은 성과를 창출해야한다는 불안감과 중압감이 있지만 그래도 '직원을 믿고 기다리자.'라는 마음으로 대화를 하면서 직원을 코칭해보면 직원들 역시 실적

증대에 많은 고민을 지니고 있었고 실적이 증대되지 않으면 직원 스스로 스트레스를 받으며 직장생활을 하고 있었다.

아무리 단기성과가 중요하더라도 직원들을 괴롭히는 리더는 되지 말자. 직장생활을 하면서 어느 정도의 스트레스는 감수할 수밖에 없지만 리더가 성과에 대해서 받는 스트레스를 직원들에게 그대로 전달하면 할수록 성과창출은 멀어진 경우가 많다.

한 번의 사례는 그날의 실적을 리더들의 단톡에 매일 올려야 하는 경우가 있었다. 대략 10명 정도의 리더 단톡방에 실적을 올려야 하는데 마감시간이 다 되어가는데도 실적이 없으면 '오늘도 실적이 없으면 안되는데, 어제도 없다고 보고를 했는데 오늘도 없으면 어쩌나'하는 생각에 하루하루를 피말리는 상태로 마감한 경우도 있었는데 리더의 이런 마음을 알고 직원들이 하고자 하는 마음을 갖고 전 직원이 신경을 쓰는 날은 어쨌거나 실적이 생기는 점포를 볼 수 있었으며 '뭐 오늘도 실적이 없지만 보고는 리더가 하는 거니까 리더가 알아서 하겠지'라고 직원들이 신경을 쓰지 않는 점포는 실적이 없는 경우가 많았다.

이런 현상은 전 직원의 관심이 현저하게 다른 결과를 창출하는 것을 알 수 있다. 리더가 믿고 기다리는 만큼 우리직원들이 단합해서 성과를 창출하는 것도 중요한 일이다.

20 업무를 담당한 직원에게 질문을 하자

> 리　더 : (속으로) 이건 담당이 오팀장이긴 하지만 왠지
> 　　　　오팀장은 정확하지 않은 거 같아 김팀장한테
> 　　　　물어봐야겠다.
> 　　　　김팀장! 이 업무에 대해서 좀 알아봐서 알려줘.
> 김팀장 : (속으로) 이건 오팀장이 담당하는 일인데…
> 　　　　오팀장! 이 업무는 어떤 결과가 나온다고 했지?
> 오팀장 : 이건 A이고, 이건 B라서 이런 결과가 나오지.
> 김팀장 : 부장님! 이건 A이고, 이건 B라서 이런 결과가
> 　　　　나온다고 합니다.
> 리　더 : 그렇다면 다음 처리는 어떻게 되는 거지?
> 김팀장 : 잠시 알아보고 오겠습니다.

　어느 직장에나 직원들이 각자 맡은 일이 저마다 있다. 그것은 리더가 그 직원의 능력에 따라 직원을 맞는 자리에 업무를 위임했기 때문이다. 그런데 가끔 리더를 보면 업무에 궁금한 것이 있을 때 아무직원에게나 묻는 것을 볼 수 있다. 물론 중간 리더가 모든 업무를 잘 파악하고 정확한 답변을 하는 게 맞겠지만 복잡하고 다양한 요즘시대에 본인 업무조차도 정확하게 이해하기 어려운 때에

다른 직원이 맡은 일까지 정확하게 알기는 어렵다.

그럼에도 불구하고 리더는 업무를 담당하는 직원에게 질문을 하지 않고 다른 직원에게 질문함으로써 그 업무에 대한 답변이 안 되어 결국에는 담당직원에게 다시 물어보는 경우가 종종 있다. 물론 리더가 업무에 대해서 어느 직원에게나 질문할 수는 있지만 문제는 리더가 궁금해 하는 업무를 담당하는 직원이 나이가 많거나 일을 제대로 하지 않는다는 이유로 다른 직원에게 문의하는 리더가 많다.

업무를 담당하는 직원이 리더보다도 더 나이가 많아서 리더가 편하게 질문을 하지 못한다면 그 리더는 리더의 자질이 없다. 연공서열이 점점 사라진 요즘 리더가 '업무를 담당하는 팀장에게 이 업무에 대해서 질문하기가 좀 껄끄럽다.'라는 생각을 갖거나 '이 업무를 담당은 하지만 일하는 거 보니 별로 못하는데 이 질문에 대한 답변은 못하겠지.' 이런 마음을 지니고 담당직원이 아닌 리더 본인이 편하게 생각하는 다른 직원에게 매번 질문을 하면 업무를 담당하는 직원도, 리더의 질문을 받는 직원도 힘들어지면서 직장의 분위기는 어두워진다.

내가 담당하는 업무가 아니다 보니 업무에 대한 정확한 지식이 없는 직원의 입장에서는 한두 번도 아니고 리더가 묻는 질문을 다시 담당직원에게 문의해서 답변을 전달해야하니 얼마나 많은 시간적 낭비인 것인가? 본인의 일도 못하고 담당직원에게 물어서 다시 대답하려면 이중적인 시간이 소요된다. 업무에 대한 질문을 하거나 지시가 있을 때는 반드시 위임한 직원에게 질문하고 지시하는 것이 중요하다.

필자가 영업을 할 때 본 리더가 중간리더보다 어린사람인 경우가 종종 있었다. 그 리더들은 모든 일을 본인보다 어린사람에게만 질문을 하고 추가적인 업무도 본인보다 어린, 업무를 담당하지 않는 직원에게 지시하다보니 처음 몇 번은 잘 대답하던 어린직원도 점점 지쳐가는 것을 많이 볼 수 있었고, 질문과 업무지시를 계속 받던 직원의 직장생활이 어려웠던 경우를 많이 보게 되었다.

담당을 하지 않는 직원도 힘들어했지만 업무를 담당하는 직원도 직장에서 낙오자가 된 기분을 느끼면서 점점 직장생활의 흥미를 잃어버리고 견디다 못해서 퇴직하는 경우도 있었다. 질문과 지시는 업무를 위임한 직원에게 하자. 그렇게 함으로써 좀 부족한 직원이더라도 위임받은 직원은 더욱 책임감을 지니고 더 열심히 업무에 임하는 것을 기대할 수 있으며, 나아가 긍정적인 직장생활을 기대할 수 있다.

업무를 잘하는 직원에게나 조금 부족한 직원에게나 중립적인 리더의 태도는 업무의 치우침을 방지함으로써 좀 더 효율적인 직장 분위기를 만들 수 있다. 리더보다 나이가 더 많은 직원, 그리고 리더가 보기에 좀 부족함을 느끼는 직원에게 리더가 좀 더 다가감으로써 리더에게도 그 직원에게도 업무에 열중하고 성과를 올리는 직장이 된다. 리더는 위임한 직원, 즉 업무를 담당하는 직원에게 업무지시를 하는 것이 중요하지만 조직에서는 일 잘하는 직원의 업무가 많아지는 것은 부인하기 어렵다.

▶ 사실 리더가 되어보니 업무에 대해 궁금한 점이 있을 때 리더의 솔직한 마음은 평소에 열심히 하는 직원에게 묻고 싶은 마음

이 생기는 것은 어쩔 수 없는 마음이다. 그럼에도 불구하고 혹시나 담당하는 직원이 마음에 상처라도 받을까봐서 1순위로 담당직원에게 질문을 해서 답변을 들었던 것이 기억에 남는다. 사소한 일이지만 직원에게 상처되는 일은 사전에 방지하는 것도 리더의 자질 중에 하나인 것이다.

  오랜 직장생활에서 느낀 점이지만 어느 조직에서나 성실하고 열심히 일 하는 직원에게 업무가 치우치는 것을 볼 수가 있다. 이런 경우에 리더는 열심히 하는 직원을 잘 챙겨주는 것도 중요하다. 업무는 많지만 리더가 열심히 한다는 것을 알아준다는 사실만으로도 직원들은 일의 보람을 느끼면서, 더욱더 열심히 일을 하고 성과창출을 위해서도 많은 노력을 하는 것을 알 수가 있다.

제2장
리더의 배려

01 직원을 배려하자

> 직원1 : 부장님! 오늘 병원에 좀 가야 해서요. 30분만 일찍 나가도 될까요?
> 리 더 : 그래? 내일 30분 일찍 나와서 일해.
> 직원2 : 부장님 오늘 실적 많이 했습니다. 오늘 당번인 배우자가 좀 늦는다고 해서 제가 아이를 데리러 가야해서요. 조금만 일찍 나가도 될까요?
> 리 더 : 실적을 얼마나 했는데? 그게 최선을 다 한거야?
> 직원3 : 부장님 내일 아침에 녹색어머니 활동이 있는데 좀 하고 오면 안 될까요??
> 리 더 : 와서 실적은 두 배로 하고, 끝나는 대로 바로 오고.

리더의 배려는 직원의 진실 및 성과창출을 유도한다. 배려라고 해서 아주 큰 것이 아닌 상대방 직원의 작은 배려 등을 포함한다. 직원들이 원하는 것은 아주 작은 배려이다. 커다란 집을 사 달라는 것도 아니고 집에 일이 있어서 30분 먼저 퇴근을 요청할 때 흔쾌히 허락하는 것, 몸이 아파서 잠깐 병원에 다녀와야 할 때 같이 아픈 마음으로 보내주는 일, 어린 자녀가 있고 배우자가 하던 일이지만 오늘은 내가 하고 출근해야만 하는 일 등등. 정말 사소한 일인 경우가 많다.

예전부터 필자는 새벽 6시에 출근을 해서 하루의 일을 챙기고 계획을 세우면서 일을 하는 스타일이었다. 야근보다는 빠른 출근과 업무 중의 최선을 다해서 실적을 올리고 빠른 업무처리와 마감을 하는 편이었다. 일하는 방식이 그렇다 보니 할 일도 없으면서 리더가 퇴근을 하지 않았다는 이유만으로 남아서 퇴근 못하는 그런 상황이 이해하기 힘들었다. 물론 급한 상황이 발생해서 야근하는 것은 당연한 일이었고 야근하는 시간 역시 어영부영 못하고 정말 열심히 일했다.

출퇴근시간이 한 시간 넘어 매일 새벽 4시에 기상을 하고 6시에 출근하고 오후 7시에 퇴근을 하면서 직장생활하던 시절이 있었는데 그때 같이 근무하던 리더가 생각난다. 같이 근무하는 리더는 아침에 늦게 출근하고 도무지 퇴근을 하지 않는 스타일의 리더라서 혹시 리더가 필자를 오해할까봐 필자의 일하는 스타일을 리더에게 잘 설명을 하고 "야근보다는 업무중 최선을 다하고 7시에는 퇴근을 했으면 하는데 어떻게 생각하세요?"고 물었더니 "알았다."고 했음에도 불구하고 회식자리 전 직원 앞에서 "팀장님! 빨리 퇴근하고 싶으면 빨리 퇴근하세요. 실적만 다 해놓고"라는 말을 하는 것이었다. 매일매일 실적이 없었던 것도 아니고 모든 직원 중에서 최상의 실적을 내면서, 쉬지 않고 일을 하고 7시에 퇴근해도 집에 도착하면 9시가 다 되어가는 상황을 말을 했음에도 불구하고 직원들 앞에서 비꼬듯 말을 하는 리더를 보면서 열심히 해야겠다는 마음이 생기지 않았다.

이렇듯 직원에 대한 배려 없는 리더의 말 한마디 때문에 직원들은 결국 상처를 받는다. 리더의 배려는 아주 큰 것을 의미하지 않는다. 개개인의 상황에 맞는 작은 배려를 말하는 것이다. 그러기에 조직에는 소통이 필요하다고 하지 않는가? 소통을 해서 상황을 알게 되었다면 그 상황에 맞는 리더의 작은 배려는 리더의 몫이 아닌가? 일을 다 마치고도 눈치 보면서 퇴근을 하지 못하는 것은 다음날의 성과를 위해서도 바람직한 업무태도는 아니며, 모든 일을 알아서 계획적으로 하는 직원이 깔끔한 업무처리와 실적을 보이고 있다는 것을 리더가 알고 있는 상황에서 리더의 작은 배려는 그 직원을 더욱더 움직이게 하는 동력이 된다.

작은 배려가 조직에 대한 충성도 및 실적향상으로 연결이 되는 것임에도 불구하고 배려하지 않는 것은 얼마나 어리석은 리더의 행동이란 말인가? 직원의 알지 못하는 상황까지 리더가 배려 할 수는 없지만 조직구성원이 본인의 상황을 이야기하고 상황에 대해서 알고 있는 것에 대한 배려 및 살아가면서 우리가 기본이라고 불리는 그런 상황은 배려하는 리더기 되지. 작은 배려는 큰 성과라는 이름으로 조직에 다가옴을 생각하면서 리더가 배려심을 갖추는 것이 중요하다.

그리고 중요한 것은 배려를 받는 직원도 본인의 태도에 대해서 한번쯤 생각해 봐야한다. 배려를 너무 많이 하면 그것이 당연한 권리인 것으로 생각하는 직원들도 가끔 볼 수 있는데 이러한 마음과 행동이 나타나지 않도록 하는 것은 직원의 몫이다. "배려가 권리가 되는 현상이 나타나는 것을 미리 예상해서 직원을 배려하지 않는다."는 리더도 있지만 그것은 구더기 무서워 장을 못 담그는 상황이다. 아는 리더가 직원에게 업무 지시를 했더니 직원이 리더에게 "제가 더 밑에 있는 직원에게 지시하는 걸 잘 못해서 그러는데요. 이 업무는 저 직원에게 시키시면 안 될까요?"라고 말을 했다고 한다. 그래서 그 리더는 알겠다고 하고 다른 직원에게 지시를 했고 여러 날이 지난 어느 날 또 담당직원에게 업무를 지시했더니 "제가 지금 너무 바빠서 그러는데요. 또 다른 직원에게 시키시면 안될까요?"하는 걸 보면서 그 리더는 "앞으로는 절대 직원의 상황을 봐주면 안 되겠구나!"하는 것을 절실히 느꼈다고 한다.

직원이 업무로 바빠 보여서 몇 번 리더가 업무를 해주면 나중에는 당연한 것처럼 리더에게 일을 밀어버리는 직원도 있다. 하지만 이런 직원의 행동은 옳지 않다. 리더가 직원을 배려해서 한 번쯤 처리를 해 준다면 그 당시 고마운 마음으로 다음에는 리더의 지시에 대해서 더욱더 잘 처리를 해야 리더와 직원의 쌍방향 배려로 조직생활이 아름다워지는 것이다. 리더는 직원을 배려하고 직원역시 리더의 배려를 당연한 권리로 생각하지 않는 것은 매우 중요한 것이다.

▶ 항상 '직원들에게는 배려를 해야지'하는 마음을 갖고 가급적 직원들이 싫어하는 일은 시키지 않고 직원들이 아침에 바빠 보이면 직원회의를 다른 날로 미루기도 했다. 이렇게 리더가 직원의 입장을 배려하는 것을 직원들이 알았을 때는 직원들 스스로 잠깐이라도 모여서 하루에 대한 계획도 세우고 '으쌰 으쌰' 하는 분위기를 만드는 것이 중요한데 배려가 이어지면 당연한 일로 생각하고 아무것도 하지 않는 사무실의 직원들도 가끔 보게 된다. 그래서 자꾸

리더가 앞에 나서서 말을 하게 되고 아침에 뭔가 회의를 하지 않으면 불안해지는 것을 리더는 느낄 수 있다. 그렇기에 배려란 한 방향이 될 수 없다. 리더가 직원을 배려하면 직원도 리더의 입장을 한번쯤 생각해보고 리더가 원하는 것이 과연 무엇일까를 고민하면서 업무를 추진하는 것이 정말 중요하다. 그래서 배려는 쌍방향이고 배려가 당연한 권리가 되어서는 안된다.

02 리더의 배려는 진실을 유도한다

> 리 더 : 오늘 본부에서 우수직원 격려행사가 있는데 직원 1, 2가 가는 것이 좋겠다.
> 직원1 : 부장님! 오늘 행사를 보니 술 먹는 행사인데 제가 술을 못 해서 참석하면 분위기를 망칠 것 같아요. 직원 3도 실적이 좋고 가고 싶어하는데 직원 3, 직원 4를 보내는 것은 어떨까요?
> 직원2 : 부장님! 오늘 저희 집에 제사가 있어서 가기 어렵습니다.(물론 거짓말이었다.)
> 리 더 : 제사면 다른 사람 보내고, 직원 1은 그냥 참석해. 앉아 있는 거 어렵지 않은 일이잖아!

본부에 행사가 있어서 직원 중의 누군가가 가야 하는 일이 생겼다. 가야 하는 직원이 정해져 있지는 않았고 우수한 업무추진으로 칭찬받는 자리였지만 금요일 오후시간이라 대부분 직원이 갈 마음이 없었다. 그때 리더가 두 명의 직원에게 너희들이 가는 게 좋겠다고 말을 했는데, 두 직원 중의 한 직원은 맥주와 치킨을 먹는 행사인데 맥주와 치킨을 먹지 못하는 본인의 상황을 솔직하게 말을 하면서 참석하면 분위기만 나쁘게 할 것 같다고 현재 본인이 처한 사실을 리더에게 보고를 했고, 나머지 다른 직원은 아무 약속이 없었지만 집에 갑자기 일이 생겨서 못 간다고 말을 했다.

  두 명의 직원 중에서 한 직원은 진실된 상황을 리더에게 보고했고, 다른 직원은 있지도 않은 집안 행사 핑계를 말하면서 집안 행사 때문에 갈수가 없다고 거짓보고를 한 것이었다. 그리고 직원이 두 명만 있었던 것도 아니고 다른 직원들도 있었으며 일부 직원들은 오히려 그행사장에 가고 싶어 하면서 리더에게 본인이 가겠다고 말을 하는데 이런 경우 당신이 리더라면 어떻게 하겠는가? 직원이 두 명만 있는 것도 아니고 가고 싶어 하는 직원이 있다는 것까지 고려한다면 실질적으로 가고 싶어 하는 직원을 보내는 것이 합당한 것이 아닌가?

  물론 영업실적이 좋은 직원 위주의 행사였지만 가고 싶어가는 직원 역시 본인이 맡은 업무에 대해서 실적을 거양하고 있었기 때문에 전혀 문제가 없었고, 어느 직원이 오라고 명시되어있던 것도 아닌 행사에 가는 대상을 리더가 선택할 수 있었기에 직원들의 시정을 고려하여 사정이 있어서 못 간다고 하는 직원을 보내는 것보다는 가고 싶어 하는 직원을 보내는 것이 마땅하지 않았을까하는 생각이다.

  필자와 같이 근무하던 리더는 우수직원 행사에 술과 치킨을 먹지 못하는 직원에게 리더가 시키는 일이니까 무조건 참석 하라는 주문을 했고 주문을 받은 직원은 울며 겨자 먹기로 참석해서 결국은 아무것도 먹지 못하고 저녁을 보냈으며, 술을 먹지 못하다 보니 술 먹는 자리에서 다른 직원들을 불편하게 하여 미운오리가 되었다고 한다. 이렇게 리더가 합리적인 배려를 하지 않는다면 다음부터 미운오리가 된 직원은 본인의 상황에 맞는 진실을 말하는 것이 아니라 거짓말을 한 직원처럼 거짓말을 하게 된다. 있지도 않은 집안 행사가 있다든지 몸이 아프다든지 등등 그런 거짓말을 어쩔 수 없이 하게 된다. 하지만 거짓말을 하는 직원만 나쁘다고 할 수는 없다. 직원이 진실과 상황을 어렵게 말을 했음에도 리더와 소통이 되지 않기 때문에 직원이 다시 진실을 말하기는 어려운 것이다.

직원이 진실을 말하면서 어떤 작은 배려를 원할 때는 배려해주자. 직원을 배려해주는 만큼 그 직원은 충성직원이 되어서 더 활기차게 일을 하게 된다. 그 작은 배려가 많은 성과라는 이름으로 다시 돌아오게 되고 리더에 대해, 조직에 대해 늘 감사한 마음으로 더 열심히 일을 하게 된다. 그리고 그 직원은 늘 리더에게 진실을 말하는 직원이 될 것이다. 리더라고 아무 때나 타당하지도 않게 본인의 고집을 부리지 말자. 그것은 고집도 아닌 아집이 되어버린다.

늘 말로만 외치는 배려와 소통이 아니라 진실된 마음과 행동으로 된 배려는 직원들과의 진실한 소통의 근원이 된다는 것을 명심하고 직원이 원하는 작은 배려는 꼭 들어줄 수 있는 리더가 되자.

▶ 직원이 어렵게 말하는 상황에 대한 배려는 가급적 들어주는 리더가 되자. 업무 중에 본인의 업무에 최선을 다하고 매우 어렵게 어떠한 상황을 말하는 직원에게 힘을 주고 배려를 해 준다면 그 직원은 더 많은 성과를 창출할 것이다.

리더의 입장에서 보면 진짜 열심히 하면서 배려를 원하는 직원인지, 아니면 열심히 일하지 않으면서 배려를 원하는 직원인지 잘 알고 있지 아니 한가? 가끔은 배려해주고 싶지 않은 직원도 있는 것은 사실이다. 직장의 혜택은 "어떻게 저렇게 잘 알아서 누리는 것일까"할 정도로 잘 챙기면서 업무만큼은 디테일 하지도 않고, 성과를 충분히 올릴 수 있는 상황임에도 성과를 올리지 않는 직원들은 리더의 입장에서 배려해 주고 싶진 않다. 리더의 배려는 직원의 진실을 유도하는 경우가 많이 있다. 리더라면 잘 알지 않는가? 직원이 진실을 말하는지? 거짓을 말하는지?

03 본인 퇴근만 자유로운 리더는 되지 말자

> 리 더 : (속으로) 벌써 퇴근시간이 되었네. 오늘은 약속도 없는데 사무실에서 신문을 볼까? 아니다. 지난번 했던 회의를 다시 해야겠다.
> 직원1 : 우리 부장님 오늘 퇴근 안하시네?
> 직원2 : 응, 약속이 없으신 모양이야.
> 직원1 : 난 모처럼 약속해서 좀 있으면 나가야 하는데… 약속을 취소해야 하나?
> 직원2 : 어제같은 날 약속하지 그랬어? 어제는 칼같이 퇴근하시던데.
> 직원1 : 대체 나는 약속도 못하겠어.

리더 중에는 리더 본인이 약속 있는 날은 칼같이 퇴근하고 약속이 없는 날은 예고도 없었던 회의를 하자고 하는 리더를 볼 수 있다. 이 얼마나 이기적인 리더의 행동인가? 본인의 약속과 시간은 중요하고 직원의 약속과 시간은 철저하게 외면당해도 좋다는 뜻 아니겠는가? 이렇게 본인의 시간만을 생각하는 리더는 되지 말자.

같이 일하는 직원들이 리더의 생활패턴을 어느 정도 예상할 수 있어야 한다고 생각한다. 같이 근무하던 리더 중에 리더 본인이 약속 있는 날은 직원들이 바쁘거나 말거나 전혀 신경 안 쓰고 본인 퇴근하기에 급급하였고, 하물며 며칠 전부터 회의가 예고되어 있었어도 본인 약속이 있다는 핑계로 무작정 회의를 연기하면서 퇴근을 했고, 본인 약속이 없는 날은 예고 없는 회의를 정하고 퇴근시간 임박하여 회의소집을 하는 리더와 같이 근무한 적이 있었다. 회의내용 또한 급한 일도 아니고 평범한 주제이며, 다음날 아침에 해도 되는 아주 평범한 회의인 경우가 대부분이었다. 직원들이 퇴근시간이 되어 리더의 퇴근만을 기다리고 있는데 직원들 퇴근도 못하게 하고, 리더 본인 역시 아무일 없이 사무실에서 전화를 한다든지, 실적표를 보면서 퇴근을 하지 않는 리더였다. 이런 리더와 같이 근무한다는 것은 업무에 대한 의욕도 상실되고 직원의 퇴근시간이 오로지 리더의 개인약속에 따라 달라지는 어처구니없는 현실이 된다. 이 얼마나 불합리적이고 이기적인 현실인가?

갓 입사한 젊은 직원들도 개인적인 약속이 있을 수 있고, 직장생활 20~30년의 직원들이면 개인적이 약속도 얼마든지 있을 수 있지만 도무지 약속을 잡을 수 없었던 그런 시간이었다. 그런 이기적인 리더와 일을 하는 직원들은 과연 리더를 신뢰하고 따를 수 있었을까? 절대 신뢰하지 못할 것이다. 왜냐하면 리더 본인만 생각하는 철저한 개인적인 리더를 그 어느 직원이 신뢰하고 존경하는 마음으로 같이 근무 한단 말인가?

직장에서 직급은 조직운영을 위한 규칙이다. 직장을 퇴사하면 그 위계질서에 의한 만남보다는 사람과 사람의 만남이 된다. 그러기 때문에 직위고하를 막론하고 리더를 신뢰하지 못하고 존경하는 마음이 없어지면 그 조직은 훌륭한 영업성과를 장기적으로 도출할 수 없다. 단기적으로는 어느 정도의 성과가 있을 수 있겠지만 이 성과는 우리가 흔히 말하는 리더가 직원들을 들들 볶아서 반짝 나타나는 성과이다. 하지만 시간이 흐를수록 직원들의 사기가 땅으로 떨어져서 일에 대한 의욕도 상실되고 뭔가 실적을 내겠다는 생각보다는 '뭐 그냥 이렇게 해도 시간이 지나고 가만히 있어도 시간은 가겠지'라는 포기상태가 되어버리게 된다.

　리더는 혼자의 리더가 아니고 리더라고 혼자만 출퇴근이 자유로워서도 안 된다. 직원과 하나가 되고 진정으로 직원과 소통을 하고 싶다면 직원의 입장에서 직원을 배려하고 직원의 소중한 시간을 선물할 줄 아는 신뢰받을 수 있는 리더가 되자. 조직이 리더만을 위해서 존재하는 것은 결코 아니다. 리더의 시간이 어느 정도 예측가능해서 직원들 역시 개인적인 업무를 할 수 있는 시간을 주는 리더가 되자.

　모 생명회사는 휴경영으로 직원들의 업무만족도가 높아지고 고객의 서비스 질도 좋아졌다는 신문기사가 있다(2017년 7월 25일 32면 한국경제) 직원들이 업무량이 많은 생명회사인데 "쉴 때 쉬고, 일할 때 집중해서 일하자."고 강조하면서 휴경영을 하면서 매일 오후 6시 30분이면 회사 전체 컴퓨터가 일시에 꺼지는 PC오프 제도를 도입했고 직원들이 눈치 보지 않고 일찍 퇴근할 수 있도록 사장이 퇴근시간을 조정했다고 한다. 그렇게 한 결과 2017년 한국산업의 서비스 품질지수 콜센터부문 조사에서도 8년 연속 우수 콜센타로 선정되기도 했다는 것이다. 리더 본인만 퇴근시간이 자유로워서 본인이 약속 있으면 일찍 퇴근하고 본인이 약속 없으면 아무 일도 없이 사무실에 앉아서 직원들도 퇴근 못하게 하는 그런 리더는 되지 말자.

　앞의 사례에서 알 수 있듯이 리더 본인만 자유로운 퇴근시간은 결코 조직에서 직원들이 성과를 창출하는데 도움이 되지 않는다. 직원들에게 시간을 선물하는 그런 리더가 되자. 물론 지금은 워라밸의 실시로 직원들도 빠른 업무처리 후 퇴근을 재촉하는 조직문화가 자리 잡고 있다. 그럼에도 불구하고 사무실의 문을 잠그는 시간까지 남아서 직원들의 퇴근상황을 보는 리더도 있다. 과거에 늦게까지 남아서 일하던 습관이 있는 리더이다 보니 습관이 안 고쳐진다고 하는 리더도 있고 집에 가도 딱히 할 일이 없어서 일찍 퇴근하는 것이 부담스럽다는 리더도 있다. 하지만 시대가 변화고 있지 아니한가? 직원들에게 시간을 선물할 때 직원들은 진심으로 고마워한다.

　▶ 리더가 되어서 항상 일정한 시간에 퇴근을 했더니 직원들이 저녁시간에 뭔가를 준비할 수 있다고 좋아했던 기억이 난다. 어떤 리더는 본인의 늦은 약속시간으로 약속시간까지 사무실에서 신문을 보던 리더도 있었는데 늦은 시간에 약속이 있으면 직원들이 퇴근을 기다리는 사무실에서 약속시간에 맞춰나가지 말고 매일 퇴근하던 시간에 퇴근을 해서 좀 일찍 약속장소에 가서 혼자만의 시간도 즐기는 것도 나쁘지 않다. 직원들 역시 리더가 일정한 시간에 퇴근을 한다고 해서 그날의 마감도 정확하게 안하고 퇴근하지는 않는다.

　업무 중에 최선을 다하고 업무가 끝나면 일찍 퇴근해서 재충전

하는 시간을 갖는 것이 중요하다고 말을 했던 리더가 오랫동안 기억에 남는 것은 오랜 직장생활로 봤을 때 그 리더의 말이 맞는 말이기 때문일 것이다.

04 퇴근 준비하는 직원에게 회의나 번개하자고 하지 말자

> 리더 : 김대리! 김팀장 어디갔나? 6시에 회의한다고 전달해.
> 직원 : 팀장님! 부장님께서 6시에 팀장회의를 하신대요.
> 팀장 : 갑자기 무슨 회의를… 회의주제가 뭔데?
> 직원 : 글쎄요, 저도 잘 모르겠습니다.

금요일 오후 업무를 마치고 주변정리까지 다하고 퇴근을 하려는데 같이 있는 직원이 깜짝 놀란 표정으로 "팀장님! 지금 회의 있으시대요"라고 말하는 것이다. 그 말을 전달받고 "그런데 왜 그렇게 놀란 표정이야? 라고 물으니 "아~ 퇴근하신 줄 알고요."라면서 웃는 표정에서 '다행이다 리더의 말을 잘 전달할 수 있어서'라는 안도하는 표정을 읽을 수 있었다. 그런 생각이 스친 다음에는 금요일 늦은 퇴근시간에 예고도 없이 회의를 한다고 하는데 '꼭 모여서 회의를 해야만 하는 중요한 안건이 있는 것인가?'하는 생각이 들었다.

회의는 예고된 시간에 예고된 주제를 가지고 해야 생산성 있는

제2장 리더의 배려 117

회의가 될 텐데 전혀 뜻밖의 회의 소집으로 '긴급한 일인가?'라는 생각으로 회의에 참석했는데 회의내용을 전해 듣고 정말 웃음밖에 나오지 않았다. 리더의 회의주제는 "오늘 다른 영업점에서 직원이 오는데 같이 저녁 식사하실 분 있나?"라고 물어보는 것이 회의의 주제였고 그 주제를 말하기 위해서 한참동안 불필요한 농담을 하는 리더를 보았기 때문이다. 위와 같이 모이는 것은 회의라는 미명으로 전달을 해서는 안 되고 잠깐의 공지사항이라고 전달을 했어야 하지 않았을까? 저녁을 먹어야 하는 것을 묻는 말인데 굳이 회의라는 미명아래 모여야 한다는 말인가? 묻고 싶었다. 회의내용도 오늘 오는 직원을 어떻게 알게 되었는지 그리고 리더 본인과 얼마만큼의 친분이 있었는지 대략 그런 말을 하는데 1시간정도의 시간이 흘렀고 급기야는 오고자 했던 다른 영업점 직원들이 도착해서야 그 갑작스런 회의가 끝났으니 시간이 무척이나 아깝다는 생각밖에 들지 않았다.

회의라고 할 수도 없는 사안으로 모임을 주관하면서 회의라고 말하지 말고 말로만 외치는 소통과 배려가 아니라 직원을 진심으로 배려하는, 직원에게 시간을 선물하는 그런 배려있는 리더가 되도록 노려하자. 그것이 어려운 일일까? 어렵지 않다 본인이 리더가 아닐 때 리더의 행동을 보면서 '저건 아닌 거 같은데' 이런 행동을 하지 않으면 되는 것이다. 즉 입장 바꿔서 생각하면 간단한 일을 본인의 입장만 생각하니 그런 어처구니없는 일이 발생하는 것이다.

퇴근시간에는 가벼운 마음으로 퇴근을 해서 다음날 일하고 싶은 마음으로 정말 탭댄스를 추면서 출근할 수 있는 분위기를 만드는 것은 100% 리더의 몫이다. 특히나 금요일 퇴근시간에 정해지지 않은, 예고되지 않은 회의는 아주 급한 일이 아니라면 삼가 하자. 위와 같이 어처구니없는 상황이 아니라 일반적인 전달 사항이라도 리더의 마음만 급하지 직원은 결코 급한 사안으로 받아들이거나 '회의를 할 중요한 일이었구나'하고 느끼지 않는다. 금요일 저녁 퇴근시간을 직원에게 자유롭게 해주는 리더의 작은 배려는 직원들의 큰 영업 성과로 나타난다.

　필자가 리더가 아닌 직원일 때 가장 아쉬웠던 부분이 직원들의 시간을 리더가 마음대로 쓰는 것이다. 지금은 워라밸이 많이 확산되어서 직원의 시간을 아끼려는 리더도 많이 있지만 아직도 직원의 시간을 리더 본인의 시간으로 생각하는 리더가 가끔 있는 것은 매우 안타까운 일이다. 직원들은 다른 그 무엇보다도, 다른 어떤 선물보다도 본인의 시간을 본인의 계획에 맞게 사용하는 것을 가장 중요하게 생각한다. 그리고 또 한가지 퇴근시간에 갑작스런 번개모임에 직원들이 웃으면서 참석하겠다고는 하지만 실질적으로 직원들의 상황을 살펴보면 개인적인 약속을 모두 미루고 참석하는 직원이 대부분이다. 가벼운 마음으로 퇴근을 준비하는 직원에게 회의나 번개모임의 제안은 이제 그만하는 리더가 되자.

▶ 요즘 젊은 직원들은 회식이나 번개 등 개인적인 시간을 뺏기는 모임을 많이 싫어한다. 그럼에도 리더들은 회식을 해야지만 관계가 돈독해진다면서 직원들이 그렇게도 싫어하는 회식을 자주 실시하는데 이런 행동은 결코 좋아 보이지 않는다. 이렇게 직원들이 싫어하는 회식을 자주하는 리더에게 직원들이 하는 말은 "우리

리더는 집에서 대접을 못 받으니까 자꾸 회식을 하자고 하는거 같아", "우리 리더는 직원들 데리고 왕 노릇 하려고 회식을 하고 싶어 하나 봐.", "회식한다고 관계가 돈독해지는 것이 아니라 오히려 관계가 악화되는 거 같은데 리더는 모르나 봐.", "오늘 있던 리더의 약속이 취소가 되어서 번개를 하려고 하나 봐." 등등 이런 말이 대부분이다. 회식이든, 번개든 금요일 퇴근시간의 회의든 리더가 바뀌어야 하는 것들은 리더가 먼저 변해서 직원들과 함께 할 수 있는 리더가 되자. 그리고 무슨 회의든지 미리 회의 시작 시간과 회의가 끝나는 시간을 공지하고 무슨 회의를 할 것인지를 미리 알려주어 직원으로 하여금 회의에 미리 대비하게 하는 것도 중요하다.

번개 역시 가끔은 필요한 경우가 있다. 갑작스럽게 사무실에 좋은 소식이 들리거나 직원에게 좋은 일이 있어서 직원들간 번개를 할 경우도 분명하게 있다. 이런 상황에서는 번개모임을 하는 것도 필요하다. 단, 갑작스런 모임이다보니 부득이 참석이 어려운 직원이 있을 수가 있는데 참석이 어려운 직원도 편안한 마음으로 퇴근할 수 있도록 따뜻한 말 한마디를 전달하는 리더가 되도록 노력하자. 그동안 함께 생활했던 리더들 중 대부분은 갑작스런 번개에 참석을 안 한다고 호통치며 기어이 직원이 미리 한 선약을 취소하게 한 경우도 많이 볼 수가 있었는데 그렇다면 그 모임이 번개는 될 수가 없지 않겠는가?

05 포상도 직원을 배려하자

> 리더 : 김팀장! 오늘 고생했는데, 직원들 저녁에 호프 한잔 하지…
> 직원 : 아 … 오늘도 술 먹다 늦겠구나. 회식이 포상은 될 수 없는데…

  보통 리더들은 포상이라고 하면 회식을 생각하는 경우가 많다. 직원이 실적을 잘해서 포상을 한다는 명목 아래 저녁 늦게까지 직원들과 술 먹는 것을 직원에게 할 수 있는 가장 큰 포상이라고 말을 한다. 예전이야 먹을 것이 없으니 사무실에서 회식을 한다고 하면 오늘은 고기를 먹을까? 회를 먹을까? 하면서 저녁시간을 기대하던 시절도 있었다. 생각해 보면 필자 역시 오랜 직장생활에서 과거 80년도나 90년도에는 회식을 한다고 하면 기다려지고 즐거운 때가 있었으니 말이다.

  그러나 포상이라는 미명의 회식이 정해진 시간 없이 늘어지게 술 마시고 리더만 즐거운 것은 직원을 위한 포상이라고 할 수 없다. 하루 종일 열심히 일하고 가정으로 돌아가서 쉬어야 하는데 격려라고 술을 먹고 마음에도 없는 말들을 하면서 직원들과 함께 있는 시간이 직원의 입장에서 포상이 될 수 있을까? 포상회식이라는 미명하의 회식이 참 여러 가지 표현으로 직원을 힘들게 했던 것 같다

예를 들면 우수직원 포상회의, 직원 간담회, 담당자별 실적증대회의 등등 직원격려라는 이름이지만 리더들이 한번쯤 포상의 방법을 생각해봐야할 때가 아닌가 한다. 포상의 방법에는 여러 가지가 있다. 리더 개인이 좋아하고 리더만 즐거운 저녁 먹고 술 먹는 포상을 하지 말고 직원의 입장에서 진정으로 동기부여가 될 수 있는 포상을 하자. 그런 포상을 받을 때 '조직이 나를 알아주고 있구나.' 하며 직원들이 더 좋아하며 기쁘게 받아들이고 다음에 더 잘해서 또 포상을 받아야지 하는 마음으로 더 열심히 일하지 않겠는가? 근래는 포상방안에 대해서 좀 더 신중한 고민이 필요한 시점이다.

리더가 정말 식사를 하고 싶다면 술과 함께 시간이 늘어지는 저녁 회식 말고 점심시간을 이용한 특별식을 추천하고 싶다. 즉 점심시간을 이용하더라도 시간은 30분에서 한 시간 정도 초과되지만 직원은 아주 큰 자부심을 느끼면서 더 열심히 해야겠다는 생각이 들었다고 하는데. 필자가 주로 이용한 특별식은 주변경관이 예쁜 곳에서 뷔페를 곁들인 메인음식을 먹고 주변을 걷는 이벤트를 주로 이용하였다. 직원들의 반응은 매우 좋았으며, 다음 달에도 또 가기 위해서 더 열심히 하는 직원들을 볼 수 있었.

그리고 다른 포상으로는 아주 조금 일찍 퇴근을 해서 본인의 시간을 활용할 수 있는 시간 충전 포상도 좋은 포상이었다. 그리고 실시했던 다른 포상으로는 아침을 못 먹고 출근하는 직원을 위

해서 아침시간을 이용한 맛있는 간식준비도 있었고 요즘 직원들이 좋아하는 커피 쿠폰 보내주기 라든지 등등 생각해보면 직원의 시간을 배려하면서도 직원이 좋아할 수 있는 포상은 너무도 많이 있는데 아직까지 우리 사회에서의 포상이라고 하면 저녁에 직원의 시간을 빼앗아 같이 술 먹고 즐기는 것이라고 착각하는 경우가 많이 있으며, 같이 하지 않는 직원을 밉상으로 보는 사례가 만연한다.

늦게까지 술 먹고 2차까지 즐기는 그런 시간은 직원을 더 피곤하게 하여 다음날 영업하는데도 무리가 있는 경우가 많다. 포상도 시대에 맞게 변해야 하고 진정으로 직원을 위한 포상이 절실히 필요한 시점이다. 리더만 즐거운, 리더만 혼자 과거의 무용담을 얘기하면서 시간가는 줄 모르고 직원의 입장에서는 힘든 그런 포상은 지양하고 직원이 정말 좋아하는 직원을 위한 포상을 생각하는 리더가 되자.

▶ 리더의 자리가 되어보니 무엇이 진정 직원을 위한 일인가를 자주 생각하게 된다. 특히나 직원의 시간을 뺏는 일은 더 조심스러워진다. 시대가 변했고 점점 더 다양한 인재들과 조화로운 업무를 하기 위해서는 과거의 내가 즐거웠던, 과거의 실적증대 수단에만 매몰되지 않고 직원이 즐거운, 현재의 시점에서 실적증대를 할 수 있는 그런 아이디어가 특히나 중요하다.

필자 역시 시간을 쪼개서 쓰다 보니 늘 시간의 흐름을 느끼면서 생활을 하는 사람 중의 한 사람이었는데 같이 근무한 리더들 대부분은 직원의 시간을 리더의 시간으로 바꾸는 것을 볼 수 있었다.

같이 근무한 리더들이 좋아하고 실시했던 직원포상의 대부분은 저녁을 같이 먹는 것이었는데 어느 순간에 직원들은 '다음 달에는 우수직원이 되지 말아야 겠다.'라는 그런 생각도 한 경우도 볼 수 있었다. 직원이 포상을 받으면 '다음에도 또 포상을 받아야지'라는 생각을 하는 것이 정상적인 생각일텐데 포상이라고 매번 회식으로 연관이 되다보니 많은 직원들이 포상을 받지 않겠다고 하는 어처구니없는 일이 발생하는 것이다. 직원을 위한 포상은 직원이 진실로 좋아하고 동기부여가 될 수 있는 포상이 될 수 있도록 리더의 변화가 필요한 시점이다.

06 생일축하도 직원의 배려가 중요하다

> 팀장 : 부장님! 오늘 김대리 생일인데 저녁에 본인이 약속이 있다고 사무실에서의 생일축하는 아침에 했으면 좋겠다고 하는데요.
> 리더 : 무슨 소리야? 직원 생일축하인데 업무 끝나고 저녁을 먹으면서 술 한잔하는 것이 축하하는 거지. 식당 예약해!

　어느 조직이건 같이 일하는 동료의 생일이면 생일축하를 해주는 것이 일반적이다. 하지만 이 역시 직원에 대한 작은 배려가 필요한 부분이다. 리더에 따라서 꼭 업무를 마감하고 다 같이 모여서 생일축하를 해야 한다고 생각하는 리더가 많다. 생일 축하라는 미명아래 다시 한번 회식자리가 되기 때문에 직원들이 싫어해도 리더는 꼭 마감 후에 다 같이 모여서 하기를 원하는 것이다. 정말 그런 행사를 리더의 생각대로 꼭 해야만 한다면 어쩔 수 없지만 회사별로 일찍 퇴근할 수 있는 요일이 있을 텐데 생일이 일찍 퇴근하는 요일이거나 금요일이라면 생일직원에게 어떤 형식의 축하가 진심으로 축하하는 것인지는 한번쯤 생각이 필요한 부분이다. 일찍 퇴근하는 요일이면 생일인 직원도 약속이 있을 수 있고, 축하해 줘야 하는 다른 직원도 약속이 있는 경우가 많다. 그럼에도 불구하고 꼭 업무가 끝나고 모든 마감을 한 후의 생일축하 행사만을 고집하는 리더가 있다. 왜 리더는 생각을 바꿔보려는 노력을 안 하는지 무척 궁금하다. 일찍 퇴근해야 하는 요일이나 직원들의 요구가 있을 경우에는 저녁보다는 아침에 모여서 잠깐 축하해주고 케익을 같이 나눠먹고 축하선물도 전달하여 모두가 기분 좋은 하루가 되면 좋으련만 꼭 저녁에 해야 한다고 말을 하며 실천에 옮기는 리더들이 우리주변에는 생각보다 많이 있다.

워라밸 시대를 맞이하여 직원들이 케익 한조각도 맘 편히 먹지 못하면서 아직 마감이 안 된 직원은 본인의 마감을 하는 중에 행사에 참가하다 보니 즐겁지 않은 것은 당연한 일이 아닌가? 말로는 늘 직원들을 배려한다고 크게 외치면서 행동은 전혀 배려를 하지 않는 리더인 것이다. 특히 직원들의 시간은 아랑곳하지 않고 본인의 약속여부에 따라서 행사를 실시하는 시간이 달라진다면 그것은 더욱 문제이다. 리더 본인 마음대로 생각하지 말고 직원들의 입장에서 어떻게 하면 직원들이 좀더 즐거운 마음으로 직장생활을 할 것인가를 생각하면 그리 어렵지 않게 답이 있음에도 리더가 되면 왜 양방향이 아닌 한 방향의 생각만 되는 것인지 매우 궁금하다.

직원들에게는 다양하고 창의적인 생각을 강요하면서 정작 본인은 지금까지 해오던 대로의 말과 행동을 하고 시대에 맞게 변화할 생각은 하지 않는 것이다. 작은 부분에서 직원의 배려가 없으면 사무실의 분위기는 점점 즐거움이 사라지고 어두워진다. 직원들의 얼굴에서 미소가 사라지고 있다면 그 이유에 대해서 리더는 한번쯤 고민을 하는 것이 리더인 것이다. 직원이 많다 보면 생일인 직원 축하를 해주어야 하는 날도 여러 날인데 그때마다 예고 없이 모이고 퇴근 역시 늦어진다면 직원들이 즐겁게 일할 수 있겠는가? 리더 만의 편안함과 직원들을 위한다는 미명아래 명목보다는 대다수 직원들의 마음이 편해야 직장생활이 즐겁지 않겠는가? 예전에 평판이 좋았던 리더는 월초에 직원식당에 생일자 명단을 미리 공지해두고 직원 생일 아침에 모여서 축하를 해주고 저녁이면 빨리 퇴근해서 가족과 아니면 마음에 맞는 지인과 함께 즐거운 시간을 보내라고 작은 배려를 해주었다. 작은 배려지만 직원들은 즐거워했고 감사했으며 다음날 출근해서 "배려해주셔서 정말 감사하다"고 말을 하면서 열심히 일하는 것을 볼 수 있었다. 하지만 이런 작은 배려를 실천하는 리더는 우리주위에 많지 않다. 항상 본인의 약속과 연계해서 행사를 생각했으며 직원들의 시간과 약속은 전혀 고려하지 않고 무심했던 것이다.

어렵지 않은 일임에도 그것이 무슨 리더의 권한인 양 변하지 않으려는 리더들이 우리주위에는 너무도 많다. 직원의 시간은 직원에게 돌려주고 영업에 전념할 수 있도록 하는 것도 리더의 일인 것이다. 직원의 생일 축하행사도 리더의 생각이 아닌 진정으로 직원들이 원하고 즐거워하고 감사하는 그런 생일축하 자리가 될 수 있도록 하는 것이 매우 중요하며, 이러한 작은 배려는 직원으로 하여금 즐거운 직장생활이 될 수 있도록 한다.

▶ 직원의 생일축하를 아침에 잠깐 모여서 간단한 축하와 직원들이 즐거워할 수 있는 간식으로 실천해보자. 저녁시간을 빼앗고

다 같이 모여서 하는 생일축하 행사보다 직원들 반응이 매우 좋다. 이번 달의 생일직원 명단을 직원들이 볼 수 있는 게시판에 알려주는 것도 평소에 고마웠던 직원이었으면 직원끼리 커피한잔을 톡 선물로 보내주고 서로 즐거워하는 시간들이 될 수 있다. 예전처럼 선물을 사서 포장을 해서 주는 것이 아니라 핸드폰만으로도 상대방에게 마음을 표시할 수 있는 다양한 방법이 많지 아니한가? 이렇게도 세상은 변하고 있는데 리더의 생각만은 변하지 않는 것이다. 그리고 사무실에서 축하한다고 굳이 케익을 사와서 직원에게 전달하는 것을 좋아하던 리더도 있었는데 주는 리더 입장에서 보면 생색은 나겠지만 케익을 복잡한 퇴근길에 들고 가야하는 직원의 입장을 생각해본다면 이것역시 변화가 필요한 부분이다. 이 역시 다양한 선물을 기대할 수 있는 핸드폰선물이 있지 아니한가? 리더가 원하는 상품이 아닌 직원이 좋아하는 것을 선택할 수 있도록 요즘 유행하는 교환권으로 선물하여 본인이나 가족이 원하는 것을 먹을 수 있도록 하는 것도 중요하다. 시간은 직원에게 돌려주고 리더의 작은 행동이지만 직원에게는 크게 감동이 될 수 있는 일들을 생각하고 실천하는 것도 리더의 중요한 몫이다.

07 회식도 직원을 위하는 회식이 되자

> 리더 : (회식자리에서) 김팀장! 왜 술을 안 먹는거야?
> 자 한 잔 받아서 쭉 마셔봐.
> 팀장 : 부장님! 제가 몸이 좀 안 좋아서 술은 좀
> 어려운데요.
> 리더 : 뭔 소리야! 몸이 안 좋을 때는 소주 한잔에
> 고춧가루를 타서 진하게 먹으면 다 낫는 건데…
> 그걸 모르나?

 직장생활에서 결코 빠질 수 없는 것이 직원회식이다. 회식을 함으로씨 직원 간 화합을 다질 수도 있고 더 나은 직장분위기 조성을 위해서 꼭 필요한 시간이다. 하지만 너무 잦은 회식이나 잦은 번개모임과 리더만을 위한 회식은 직원의 생활리듬에 피해를 줄 수 있다. 갑작스런 회식이나 번개라고하면서, 안와도 된다고 말은 하면서 실제 많은 리더들의 생각은 안 온 사람을 다시 한번 스크린한다는 것이다.
 팀원시절에 필자는 업무시간보다 늦은 저녁까지의 회식시간이 더 힘들었다. 업무 끝나면 들어가서(물론 일찍이라고 해야 저녁 8

시 정도이지만) 가족과 함께 저녁을 먹고 그날 못 본 신문도 마저 읽고 주변정리 후 보통 11시에서 12시 사이에 잠자리에 누워야 다음날 생기발랄하게 생활을 할 수 있었고 실적을 잘 올릴 수 있었기 때문에 회식을 하고 늦은 시간에 귀가하는 것이 무척힘들었던 기억이다.

그리고 회식에는 빠질 수 없는 것이 술이었는데 필자는 스스로 술을 잘 먹는다고 생각해서(왜냐하면 술을 아무리 먹어도 취하지 않았으므로) 술을 자주 먹었는데 술을 먹은 날은 밤새 잠을 못자고 머리가 아프면서 심한 빈혈이 생겨 어느 순간부터는 술도 먹지 못하는 상태가 되어 회식을 하면서 술을 먹는 일은 필자에게 무척이나 힘든 일이었던 것이다. 그렇다고 직장생활을 하면서 모든 회식을 피할 수만은 없었기에 회식자리에 가더라도 가급적 술을 피하고 싶은 마음에 늘 구석에 앉아서 많은 시간을 '이 회식이 언제쯤 끝날까?'하며 회식 끝나기를 기다리던 시간이 많아지면서 회식에 대한 부담감과 거부감이 심해지곤 했다.

직장생활에서 회식은 꼭 필요한 활력소다. 회식을 하더라도 직원 개개인의 모든 상황을 다 맞출 수는 없겠지만 직원 대부분이 즐거워하는 회식자리를 만드는 것이 중요하다. 또한 술을 먹지 못하는 직원에게 왜 술을 안 먹느냐고 하면서 술 먹는 것을 강요하거나 술을 안 먹는 직원을 이상하다고 말을 하는 것은 리더의 자질이 아니라고 생각한다. 왜냐하면 직원들에게도 필자와 같이 술을 먹지 못하는 사정이 있을 수 있고, 또 다른 사정이 있어서 술을 먹지 말아야 하는 사정도 있을 수 있기 때문이다.

사람마다 체질에 따라서 술을 잘 마시는 사람도 있고, 못 마시는 사람도 있기 때문에 무작정 본인의 기분에 맞추라고 먹기를 강요하거나 개인 사정을 무시하고 술을 억지로 마시게 하는 리더는 직원에게 건강을 포기하라고 강요하는 것이다. 간혹 직원들에게 물어보면 거의 대부분의 직원들이 회식과 술에 부담을 느끼고 있었지만 그것을 표현하지 못하고 참가하는 직원들이 대부분이었다. 특히 어린 자녀가 있는 직원들은 회식하고 늦게 퇴근하는 것보다는 업무 중에 열심히 일하고 회식을 하더라도 빨리 끝나고 귀가하는 것을 원하는 직원이 대부분이었다.

리더들은 회식도 리더 자신을 위한 회식을 하는 것이 아니라 직원을 위한 회식자리를 마련해야 한다. 같이 근무했던 리더 중에는 집에 배우자가 외출해서 없거나, 본인이 먹고 싶은 것이 있는 경우에 갑자기 "오늘은 회식"을 외치는 리더를 본적이 있다. 그날 배우자가 없어서 본인이 저녁 먹는 것이 걱정이 되어 전 직원의 시간을 담보하는 것은 매우 지양해야할 행동이다. 직원들 모두 참석은 했지만 즐거워하는 직원은 찾기 어려웠고 '언제쯤 회식이 끝나나'를 기다리는 직원이 더 많았던 것이다. 직장생활에서 회식자체를 하지 않을 수는 없겠지만 술 먹고 오랜 시간을 흥청망청하기보다는 직원들이 먹고 싶어 하는 맛있는 음식을 먹고 일정시간이 되면 리더 스스로 마감할 수 있게 하는 것이 진정 직원을 위한 회식자리인 것이다.

회식과 술 때문에 직장을 떠나고 싶어 하는 동료를 많이 볼 수 있었고, 필자 역시 직장생활 중 가장 힘들었던 시간이 회식 시간이었다. 리더가 되어서 회식을 실시한 경우에는 최소 15일 전에 통보했으며, 빠른 업무마감 후 일찍 저녁을 먹고 차 한 잔을 마셔도

8시면 다 끝나는 회식을 하다 보니, 직원들이 오히려 저녁을 먹자고 하는 경우가 많았으며, 회식을 하면 빠지는 직원 없이 전 직원이 참석하여 즐거운 회식시간이 된 경우가 대부분이었다. 회식도 개개인의 다양성을 존중하고 작은 배려가 된다면 좀더 즐거운 직장 내 회식문화가 될수 있다.

예전부터 많은 조직에서 회식문화가 바뀌어야 한다는 목소리는 높아지고 있지만 현실에서는 좀처럼 바뀌는 것이 어려워 보이는 것은 리더의 굳은 의지가 있어야만 바꿀 수 있기 때문에 어려운 것이다. 모두가 즐겁고 서로 소통하면서 즐거운 회식이 될 수 있을 때 조직에 대한 몰입도와 조직에 대한 충성도가 높아져서 개인의 건강도 지킬 수 있고 조직의 건강도 지킬 수 있다. 변화하는 시대에 맞는 회식문화를 만들기 위해서 직원의 시간을 좀더 배려하는 리더가 되자.

▶ 2000년대 초까지만 해도 "오늘 회식이야"라는 리더의 주문에 아무도 반기를 들지 못했고 오히려 직원들이 모두 회식을 즐기던 시간도 있었다. 하지만 지금은 80년대생, 90년대생 젊은 친구들이 주를 이루는 직장에서 강압적인 회식은 오히려 직원들에게 반감을 주는 경우가 많다. 젊은 친구들은 회식보다는 오히려 자기계발을 위한 시간을 중요하게 생각하고, 직장에서도 많은 자격증을 요구하기 때문에 일은 업무 중에 하고 일찍 귀가하여 본인의 여가생활이나 본인이 좀더 노력해야하는 부분에 공부를 하는 경우가 많이 있는데도 불구하고 잦은 회식, 끝나는 시간이 정해지지 않은 회식, 갑작스런 회식에는 부담을 느낄 수밖에 없는 것이다.

회식을 하더라도 언제 할 것인지, 몇 시에 시작해서 몇 시에 끝나는 것인지 등을 미리 고지하는 회식은 젊은 직원들의 환영을 받는다. 그리고 너무 잦은 회식자리는 지양하고 직원이 술을 못 먹는다고 하면 그것도 인정하고 받아주는 리더가 되자. 회식도 리더를 위한 것이 아니라 직원을 위하는 진정으로 직원의 노고를 인정해 줄 수 있는 자리를 만드는 것도 리더의 몫인 것이다.

08 직원의 호칭을 부르자

> 리더 : 어이! 홍길동 잠깐 들어와봐!
> 직원 : (호칭을 부르시지 ㅠㅠ...) 네, 부장님 ~~

간혹 리더들을 보면 사무실에서 큰소리로 직원을 호칭없이 이름만 부르는 경우를 볼수 있다. 물론 리더와 친하다고 생각해서 그렇게 부를 수 있지만 듣는 직원의 입장도 생각해 줘야한다.

예전에 중간리더의 지인이 와서 중간리더와 지인이 대화를 하고 있었는데 리더가 그 중간 리더를 "김팀장! 잠깐만 들어와봐" 한 것도 아니고 "어이! 홍길동 잠깐 들어와봐" 라고 큰소리로 직원을 부른 적이 있었다. 그 중간리더는 "네, 부장님" 하면서 뛰어갔고 오히려 주변의 직원들이 중간리더의 지인에게 민망한 경우였다. 리더와 직원이 허물없이 지내는 사이고 술자리였다면 그럴수도 있겠지만 업무 중 에 그것도 사무실에서 지인과 함께 있는 자리에 중간리더를 이름만 부르는 행동은 잘못된 행동이다.

또 한 번은 영업점에 고객이 많은 상황에서 리더가 중간리더의 이름을 불렀는데 대기중이던 고객이 "저분은 누구신데 직원이름을 막 불러요" 라고 묻는 것이었다. 이런 리더의 행동에서 직원들은 어떤 생각을 하겠는가? 리더에게 전혀 존중받지 못한다고 생각할 것이다. 그 리더는 중간리더에게 친하다는 것을 표현하려고 이름을 큰소리로 불렀다고 말을 했지만 정작 그 중간리더는 한번도 리더와 친하다는 생각을 하지 않았다고 말을 했으니 이 얼마나 웃지 못 할 상황인가? 직장에는 직원 모두에게 호칭이 있다. 개인적인 자리가 아니라면 직원의 직급에 맞는 호칭을 불러주는 것도 리더의 행동이다. 그리고 리더라고 아무 때나 반말로 직원을 대하는 것 도 외부고객이 보기에는 좋아 보이지 않는다. 리더가 직원에게 정중한 말을 한다고 해서 리더의 권위가 낮아지는 것도 아닌데 우리의 리더들은 반말을 서슴없이 하는 것을 볼 수 있다.

 다양한 연령, 다양한 사고의 직원들로 구성된 조직생활에서 리더의 언어는 매우 중요하다. 말만으로도 직원이 존중받는 느낌을 받을 수 있고 무시당한다는 생각을 느낄 수 도 있는 것이다. 직원이 존중받는다는 것을 느낄 때 조직을 위해서 더 열심히 일하지 않겠는가? 말은 그 사람의 인격을 표현하는 것이다. 그 사람의 사용언어만으로도 품격을 느낄 수 있기 때문이다. 상대방에게 반말을 한다거나 큰소리를 친다고 내가 높아 질 수는 절대 없다. 그럼에도 우리주변의 리더들은 본인이 화가 난다고 반말로 직원을 질책하거나 무작정 소리를 지르는 행동을 하는 것을 많이 볼 수 있다.

 이제는 리더가 먼저 리더의 언어로 무장해야 할 때다. 사무실에서는 직원을 존중하는 리더가 되자. 리더 본인의 기분에 따라 "팀장님"이라고 불렀다가 "야 이팀장" 이라고 부르는 리더는 되지말

자. 폭력으로 상처를 받았을 때 는 약을 바르면 낫지만 언어로 상처를 받으면 치유하기에 많은 시간이 소요된다. 아니 치유 할 수 없는 경우도 있다. 리더는 아무 생각 없이 사용한 단어지만 직원의 입장에서는 커다란 상처를 남기는 단어가 될수도 있다. 아주 사소한 일, 직원의 호칭을 제대로 불러주는 리더가 되자.

▶ 단어 하나가 상대방의 인생을 바꿀 수 있다는 것을 우리는 모두 알고 있다. 상대방을 위해서 좋은 단어를 사용하는 것이 아니라 본인의 인격수양을 위해서 단어를 사용한다고 생각하면 좀 더 좋은 단어를 사용할 수 있다. 리더의 기분에 따라 직원들에게 사용하는 언어가 달라지는 일은 없도록 하자. 직원들에게만 예의를 갖추라고 하는 리더는 더더욱 되지말자.

옛말에 "가는 말이 고와야 오는 말이 곱다"라는 말이 있다. 즉 내가 상대에게 잘해야 상대도 나에게 잘한다는 뜻이다. 나는 리더니까 막말을 하면서 직원에게는 좋은말을 사용하라고 하는 것은 앞과 뒤가 맞지 않는 것이다. 내가 상대방을 존중한 만큼 상대방도 나를 존중한다는 생각을 한다면 좋은 단어의 사용도 어렵지 않을 것이다.

09 화가 난다고 화풀이를 직원에게 하지 말자

> 리더 : 김팀장, 본부에서 평가 결과가 안 좋은데… 일을 이렇게 밖에 처리 못해?
> 팀장 : 죄송합니다. 부장님! 다음 번에는 잘하도록 하겠습니다.
> 리더 : (30분 동안 지난 결과에 대해 소리를 지른 후) 다들 저녁이나 먹고 가지.
> 팀장 : (속으로) 오늘은 정말 저녁 먹고 싶은 기분이 아닌데 …

    조직에서는 영업성괴의 결과에 따라 리더가 본사로부터 질책을 듣는 경우가 허다하다. 그런데 이런 질책을 들은 리더가 아래 조직원에게 어떻게 풀어 가느냐는 리더의 자질 중의 최고의 덕목을 나타내는 대목이다.

    예전에 같이 근무하던 리더는 어떤 업무결과가 다음 주에 나오는 것이 예고되어 있는 시점에서 리더가 미리 본사에 결과를 알아보니 결과가 썩 좋지 않다는 말을 들었는데, 순간 리더는 사무실에서 얼굴을 붉히면서 지속적으로 본인이 지금 본사로부터 결과가 안 좋다는 소리를 들었다고 떠들며 저녁에는 퇴근도 안하고 중간 리더들을 불러서 일방적으로 40분간을 혼자 떠들었다. 혼자 분에 못 이겨 지나간 일들을 다 들추면서 중간리더들에게 회의 아닌 회의를 한 것이다. 그걸 듣고 있던 직원들은 자괴감과 모욕감을 느꼈다고 한다. 직원들이 리더의 품성을 다시 한번 되돌아보았던 사건이었다.

아직 결과도 발표되지 않은 상태에서 무엇을 어떻게 개선해야 되는지도 모르고, 단지 리더 본인의 기분이 나쁘다고 화를 낸다면 뭐가 달라지겠는가? 화를 내기 보다는 남은 기간에 어떻게 해야 할지에 대해 계획을 잘 세우고 직원들에게 "마무리를 잘해보자." 라는 좋은 말로 리더와 직원들이 소통을 하고 추진을 했더라면 남은 기간은 좀 더 잘될 수 있지 않았을까 하는 생각이다. 그 리더의 "점수가 잘 나왔으면 모든 것이 묻혀가지만 점수가 못 나왔으니 지나간 모든 일까지 질책 받는게 맞다"는 그 말이 과연 리더가 할 수 있는 최선의 말 이였는가? 라는 생각과 함께 리더의 자질을 더욱 의심하게 만든 말이었다.

리더가 부하 직원에게 싫은 소리를 할 때는 잘못한 시점에 직원이 알아들을 수 있는 말로 조언을 하는 것이 맞다. 모든 일을 마음속에 담아두었다가 어떤 것의 결과나 뭔가의 점수가 안 나왔을 때 지나간 일들을 한꺼번에 말 하면서 화를 내는 것은 리더의 자질부족이며, "나는 자질이 이것밖에 안 되는 리더"라고 전 직원에게 말을 하는 것과 같다. 듣는 사람의 기분은 생각하지 않고 오로지 본인이 하고 싶은 말만 자신의 위치에서 일방적으로 화를 내면서 말하는 것은 상대방으로 하여금 굉장한 거부감과 불편함을 느끼게 한다. 말은 나의 생각을 전달하는 수단 뿐 만 아니라 나의 인격을 드러내는 행위이다. 말하는 사람의 기분에 따라서 즉 리더가 화가 난다고 생각 없이 하는 말에서 직원들은 많은 상심과 좌절을 느낀다. 무심코 던진 리더의 말에 커다란 상처를 받는 것은 직원들의 몫이다.

본사에서 전해진 불편한 사실에 대해서 본인이 좀 질책을 받았을 때는 합리적으로 생각하여 좀 더 직원들이 잘 할 수 있는 방향으로 리드하고 조언하는 것이 훨씬 리더답다. 직원이 잘못을 하였을 때, 또는 아쉬운 점이 있어서 질책을 할 때는 칭찬부터 하고 아쉬운 점을 정말 성심껏 말하는 것이 직원의 입장에서 반성하는 계기가 된다. 리더 본인이 본사로부터 질책 한마디 들었다고 직원들에게 막말을 하는 것은 절대 리더의 자질이 아니다. 직원을 질책하는 것은 좀 더 나은 성과를 위한 것이 아닌가? 그러기 위해서는 합리적인 리더의 질책이 필요하다.

▶ 직장생활을 하다보면 직원들에게 막말 가까운 말을 하고 같이 술 한잔 하러 가자고 하는 리더들을 종종 볼 수 있다. 예전에는 통했을지 모르는 행동이지만 지금의 우리 젊은 친구들은 그런 리더의 행동을 이해하지 못한다. 남자답게 술 한잔에 잊으라고 하지만 막말로 인해서 이미 마음속에 생긴 멍자국이 어떻게 술 한잔으로 지워진단 말인가? 말은 리더의 인격이고 품격이다. 아무리 화가 나도 직원들에게 할 말이 있고 하지 말아야 할 말이 있는 것이다.

리더가 되어보니 가끔은 정말 화가 나는 순간이 있다. 너무 화가 나서 소리라도 질러보고 싶지만 그런다고 해서 나의 화가 풀려지는 것은 아니기에 숨을 크게 몇 번 쉬고 참았다가 다음에 직원회의 때 말을 하니 말하는 필자도 웃을 수 있고 직원들도 다음부터 더 잘해야겠다는 생각으로 호응을 많이 해주었다. 직원들이 화풀이 대상이 되어서는 안된다.

10 직원의 변화된 행동에는 이유가 있다

> 리　더 : (전 직원에게) 직원 1이 열심히 하는 것을 전 직원이 알았으면 좋겠다.
> 직원2 : 직원 1은 별로 열심히 일을 안 하는데 우리 리더는 왜 매번 직원 1이 열심히 한다고 하는 거지?
> 리　더 : 오늘도 직원 1이 실적을 많이 했습니다.
> 직원2 : 실적은 우리가 더 많이 했는데… 진짜 우울하네.
> 　　　(즐겁던 사무실에서 직원들의 웃음소리가 사라짐)

　　우리 주변에는 불통인 리더를 쉽게 볼수 있다. 불통의 원인이 리더에게 있음에도 그 사실을 리더 본인만 모르고 전 직원이 다 알고 있을 때가 많다. 잘 웃고 일도 잘하던 직원이 잘 웃지도 않고 하던 일에 성과가 떨어지는 상황에 여러분이 리더라면 어떻게 하겠는가? 만약 사무실에서 이런 상황이 있다면 리더는 그 직원을 살펴봄과 동시에 리더 자신의 행동을 되돌아봐야 답이 나온다.

　　같이 근무하던 리더와 직원 중에 겪었던 일이다. 스스로 동기부여를 하면서 열심히 일 잘하는 직원이 있었는데 리더가 그 직원의 실적과 직원들을 리드하는 중간팀장으로 인정하지 않는 말을 하면서 직원들이 서로 믿을 수 없는 상황으로 만든 적이 있었다. 그 리더는 A 직원을 불러서 따로 말을 하고, B 직원을 불러서 따로 말을 하면서, 스스로 특정 직원에게 인사고과를 잘 받을 수 있게 실적도 밀어주어 모든 직원들은 동기부여도 될 수 없었고 정말 잘하던 직원들은 일을 하면서도, 성과를 내면서도 힘이 빠져서 어렵게 직장생활을 했던 암울했던 시간이었다. 이런 상황이 되다보니 전 직원들이 모든 일에 최선을 다한다는 것은 힘들어진 것이다. 특히나 일 잘하던 직원은 아침 일찍 출근해서 그날 할 일의 계획을 세우고 업무를 추진하던 것도 뒤로 하고 조금씩 늦게 출근하게 되고, 웃고 떠들면서 직장분위기를 살리던 일도 점차 줄어들었고, 말도 없게 되면서 사무실 분위기도 어두워진 상황이었다. 이럴 경우 리더는 일 잘하는 직원에게 문제가 있다고 생각을 하기 보다는 혹시 리더 자신의 행동에 잘못된 점은 없었는지를 생각하면 좀 더 쉽게 답을 찾을 수 있었을 것이었고 좋은 성과도 창출할 수 있었음에도 그 리더는 본인의 행동은 살피지 않고 일 잘하는 직원이 직원 간 이간질을 해서 사무실이 엉망이 되었다고 직원을 탓하면서 직장분위기를 어둡게 했다.

  직장에서 일을 잘하던 직원의 행동이 변할 때는 리더의 말이나 행동에서 상처를 받았기 때문인 경우가 많다. 현명한 리더라면 본인의 말과 행동을 되돌아보는 것이 필요하며 혹시라도 리더 자신에게 문제점이 있는 것을 알았다면 진심을 다해서 사과하는 것과 함께 자신의 잘못된 점을 고쳐 가고자 노력하는 것이 좀 더 현명한 해결책을 찾을 수 있다. 리더와 직원간의 신뢰가 깨지고 리더에 대한 믿음이 상실된다면 직원들이 신명나게 일하는 것은 어려울 것이다.

▶ 위의 사례는 리더가 한명의 직원만 예뻐하면서 예뻐하는 직원의 말만 듣고 직장분위기를 어둡게 만든 사례이다. 물론 일도 잘하고 성과도 높은 직원이라면 어떤 리더인들 예뻐하지 않겠는가? 하지만 위의 사례는 예전부터 잘 아는 직원으로 무작정 편애를 하면서, 이번 고과는 저 직원에게 밀어주겠다는 말도 공공연하게 하다 보니 궁극적으로 나머지 직원들의 사기가 땅으로 떨어진 사례이다. 리더는 정말 예쁜 직원이 있어도 공공연하게 티를 내지는 말고 공정한 평가를 하는 것도 리더의 덕목이다. 일을 잘하던 직원이 어느날 갑자기 일을 안 한다면 직원을 탓하기 전에 리더자신의 행동을 먼저 돌아보자.

11 직원들의 퇴근시간을 배려해 주자

> 열심히 일한 당신 퇴근해서 자기계발을 하라.

매일 퇴근을 아주 늦게 하던 리더가 있었다. 이 리더는 본인 약속이 있을 경우는 칼같이 퇴근을 하면서, 본인 약속이 없는 경우는 업무마감이 끝난지 한참이 지났는데 퇴근을 하지 않고 자리를 지키고 있었다. 특별히 하는일이 있는 것도 아니고 사소한 개인 전화를 한다거나 사무실을 왔다갔다 하면서 직원들에게 농담을 하는 것이다. 이런 상황이면 직원들은 얼마나 불편하겠는가? 리더의 퇴근을 기다리면서 아무일도 없이 앉아서 인터넷을 보는 직원, 집에 전화해서 아이들과 수다떠는 직원, 옆 직원과 생산성 없는 대화를 하면서 떠들고 있는 직원 등 상황이 이런데도 단지 리더가 퇴근하지 않았다는 이유만으로 퇴근을 못하고 눈치를 보고 있는 것이다. 그것은 아직까지도 일찍 퇴근하는 직원은 일을 안 하는 직원이라고 잘못된 생각을 하는 리더가 많기 때문이다. 이 얼마나 비생산적인가? 사무실의 전기요금부터 낭비를 시작하고 직원들은 쉬지를 못해서 매일 피곤에 찌든 얼굴로 출근을 하고 있는데도 리더는 아랑곳없이 매일 사무실에 앉아서 개인적인 일을 하는 경우가 많다.

리더 본인의 시간도 중요하지만 직원들의 시간도 얼마나 중요한가? 하지만 리더는 그것을 전혀 배려하지 않고 직원의 시간에 대해서는 중요하게 생각하지 않는다. 하루 종일 영업을 하고 빠른 마감 후 일찍 들어가서 가족과 함께 즐거운 식사와 어느 정도의 집안일을 끝내고, 내일 영업준비를 하는 것이 오히려 영업에 도움이 되지 않을까? 크게 멀리 바라보면서 영업을 하는 것이 중요하다. 퇴근시간이 늦다고 해서 일을 잘하는 직원이고 퇴근을 빨리한다고 해서 일을 못하는 것이 아닌데도 예전의 불합리한 조직문화에서 볼 수 있듯이 그냥 늦게까지 앉아있는 직원이 일을 열심히 한다고 생각하는 리더가 요즘에도 있다.

예전에 늦은 시간까지 집에 가지 않는 직원이 있어서 왜 퇴근을 하지 않는 것인지 물어보니까, "집에 가면 애들이 귀찮게 하고 집안일을 도와주는 것이 힘들어서 일찍 퇴근하는게 싫어요. 오히려 늦게 퇴근하는게 편해요."라고 말했는데, 그 직원이 업무하는 시간을 살펴보면 근무 중 1시간에 한 번씩 커피 마시러 자리를 비우고 틈틈이 담배 피우러 자리를 비우고, 잡담하다가 다른 직원이 퇴근할 무렵이면 해야 할 일이 있다고 하는 직원이었다. 그리하여 같이 근무하는 직원들은 그렇게 행동하는 직원이 사무실에서 업무에 열중하지 않는다는 것을 다 알고 있었지만, 그 조직의 리더는 이런 직원이 정말 열심히 하는 직원이라고 말을 해서 다른 직원들이 상처를 받는 계기가 된 적이 있다. 그 직원과 다르게 업무 중에 정말 쉴 틈없이 뛰어다니면서 손 빠르게 열심히 하는 직원이 있었는데 이직원은 본인의 할 일도 다하면서 옆 사람의 일까지 도와주는 경우도 많았으며 열심히 일한 후 모든 마감을 끝내고 퇴근을 하는데도 리더는 사무실의 그러한 상황을 전혀 알고 있지 못하는 것에 대해서 놀라움을 감출 수가 없었다.

당신이 리더라면 어느 직원의 인사고과를 더 올려주겠는가? 진정한 리더는 일하는 직원들의 스타일만 봐도 누가 열심히 일하는지 누가 열심히 땡땡이를 치는지 알아보는 반면, 리더십이 없는 리더는 오로지 리더 본인의 말에 "아니오"를 하지 않고 "예"라는 대답만 하는 직원이 열심히 일하는 직원이라고 생각하는 오류를 범하는 경우가 종종 있다.

사람은 누구나 나의 의견에 반대를 하는 상대방보다는 의견 일치하는 사람이 좋지만 같이 일하는 공간에서는 반대의견도 있고 반대의견을 수렴해서 실천도 해보아야 그 조직이 변화에 적응할 수 있다고 생각한다. "열심히 일한 당신 떠나라"라는 광고문구가 있듯이 열심히 일하고 퇴근하겠다는 직원을 기쁘게 퇴근시키고 다음날 더 열심히 일할 수 있도록 리더가 리드하자. 리더 본인의 퇴근시간만 중요한 것이 아니라 열심히 일한 직원들의 퇴근시간도 지켜주는 리더가 되는 것도 중요한 것이다.

▶ 요즘은 워라밸로 늦게까지 사무실에 있지는 못하지만 그럼에도 퇴근을 하지 않는 리더들을 가끔 볼 수 있다. 특별하게 할 일이 있으면 당연히 남아서 일을 해야 하지만 특별하게 할 일이 없

다면 직원들이 마음 편하게 퇴근할 수 있도록 리더가 솔선수범해서 퇴근을 하자.

　요즘은 직원들도 약속이 있으면 리더의 눈치를 안보고 퇴근하는 쪽으로 직장분위기가 변화하고 있지만 리더보다 먼저 퇴근을 하는 직원의 마음은 얼마나 불편하겠는가? 직원들의 퇴근시간을 지켜주는 리더가 되자.

12 작은 배려는 직원을 감동시킨다

> 리 더 : 김팀장! 지금 바로 들어와 봐. 복사기가 안된다.
> 팀장1 : 부장님! 지금 급한 처리건이 있어서요. 조금만 시간을 주시겠습니까?
> 리 더 : 빨리 처리하고 들어와!
> 팀장2 : 부장님! 지금 고객업무 처리중이라서 조금만 있다가 고쳐 보도록 하겠습니다.
> 리 더 : 뭐가 다들 바쁘다는 거야? 내가 지금 급하게 복사할 것이 있는데 …(이런 업무는 리더가 한다 해도 품격에 금이 가는 일은 없다.)

　우리 주변에는 항상 말로만 직원을 배려하자고 외치는 리더를 볼 수 있다. 예전에 업무마감을 할 시간에 늦게 방문한 고객으로 마감을 할 시간이 한참 지나 마감을 해야 하는 바쁜 상황이 있었다. 모든 업무가 끝나는 사무실의 마감이라는 것은 혼자만의 마감이 아니라 모든 직원과 연계가 이루어지는 구조이기 때문에 어느 한사람의 업무가 늦어지면 전 직원의 마감이 늦어지는 경우가 대부분이다. 이런 경우에는 늦게 업무처리를 한 직원이 빨리 마감을 해야만 전 직원의 빠른 마감이 되는데 본인이 하고 싶은 말을 빨리 전달하고 싶은 리더는 직원들의 상황 고려 없이 직원회의를 하자고 한다.

　이렇게 직원들 모두 바쁜 상황에서 대부분의 리더에게 이런 경우 당신이 리더라면 지금 꼭 내가하고 싶은 말을 전달하겠습니까? 라는 질문을 해보면 "빠른 전달을 위한 상황이라면 그럴 수 있겠다."라는 대답을 들을 수 있다. 당연히 맞는 말이 된다. 직원들에게 빠르게 전달해야만 하는 상황이라면 전 직원이 바쁜 상황이라도 전달을 해야 하지만 지금 꼭 급하게 전달되지 않아도 되는 사소한 일이거나, 본부에서 걸려온 실적에 대한 질책에 대한 화풀이 같은 상황을 전달하기 위해서 마감에 정신없는 직원들에게 회의를 하자고 하는 것이 문제인 것이다.

　말로는 직원의 상황을 이해하고 직원의 입장에서 생각하고 소통한다고 하지만 위와 같은 상황은 전혀 직원의 상황을 이해 못하는 것이다. 급한 일도 아니면서 일단은 본인이 하고 싶은 말을 전달해야 한다고 하는 리더의 급한 생각에서 비롯되는 것이다. 특히 어쩌다 한번이 아니고 위와 같은 상황이 자주 발생 된다면 직원들은 리더에게 불만이 쌓이게 된다. 직원들은 '지금은 회의를 하기가 어려운 상황인데'라는 생각과 함께 리더에 대한 신뢰의 수치는 점점 금이 간다. 직원의 배려라는 것은 큰 배려를 말하는 것이 아니다. 작은 배려지만 그 직원이 진정으로 원하는 것. 직원들의 상황에 맞는 진정한 배려에 직원들은 감동하면서 리더의 배려를 느끼는 것이다.

　지금 당장 할 말이 아니라면, 정말 급한 일이 아니라면 메모를 해두었다가 회의를 소집하자. 이런 경우 외에도 고객과 업무이야기를 하는 중에도 직원과 회의를 하겠다는 리더도 있다. 아침보고에 대한 뒤늦은 질문이라든지, 본인의 업무처리를 위해서 직원을 자주 불러들이는 리더가 많은데 이런 경우 한번만, 잠시만, 생각을 해서 리더가 행동하는 것이 직원에 대한 배려인 것이다. 이런 작은 배려가 영업성과와 연결된다.

직원의 상황에 대한 배려를 조금만 할 수 있는 리더가 되자. 직원들은 구호처럼 말로만 외치는 배려를 원하지 않는다. 작은 배려라도 리더의 진정성이 느껴지면 큰 배려로 직원에게 다가가기 때문이다. 어렵지 않은 일이지만 정작 많은 리더들은 말로만 배려를 외치는 경우가 많다. 물론 본인이 의도한 것은 아니지만 업무에 대한 리더의 생각이 어느 한 곳에 머무르다 보면 더 넓게 보는 것이 아니고 시야의 폭이 좁아져서 실천이 어려워진다. 직원에 대한 배려는 어려운 것이 아니다. 사소한 것, 작은 것이 진정한 배려가 되어 직원들이 즐거운 마음으로 근무를 하고 영업성과가 오를 수 있다.

사무실에서 일어날 수 있는 작은 배려로는 직원이 너무 바쁜 경우에는 리더의 사소한 일처리는 리더 본인이 하는 것이다. 직원이 해야 하는 일이지만 리더도 할 수 있고, 또 리더가 해주면 직원의 업무가 경감되는 일들이 많이 있지만 우리의 리더들은 그러한 사소한 일을 리더 본인이 하면 왠지 리더에 대한 품격에 손상이 간다고 생각하는 경우가 많다. 사소한일을 리더 자신이 한다고 해서 결코 리더의 품격에 손상이 가는 일은 없다. 그리고 많은 직원들을 대하다 보면 리더가 배려를 해주면 감사하게 생각하는 직원도 있지만 가끔은 당연하게 생각하는 직원들도 있는데, 직원도 당연하게 생각하지 말고 바쁠 때 리더가 처리해 주었더라도 본인의 일은 직원 본인이 처리할 수 있도록 신경을 써야 한다. 직원이 해야 할 일을 리더가 처리한다고 해서 그것을 계속 리더가 처리하게 하는 것은 직원으로서 기본 예의에 어긋나고 그런 일들이 계속 반복되면 리더도 선의의 배려를 계속할 수 없게 되는 일이 발생할 수 있다.

필자가 리더가 되었을 때 직원들이 바쁜 날은 외부에 나갈 보고서를 직접 작성 한다든지, 명절 때와 같이 바쁜날 직원을 대신해서 택배기사 역할을 한다든지, 전산입력을 직접 한다든지 등 직원을 대신했던 경우가 많았는데 이럴 경우 두 부류의 직원들을 볼 수 있었다. 한 부류는 '어 이거 내가 안하니까 리더가 직접하네! 급하면 또 리더 본인이 하겠지'하면서 점점 본인의 일을 안 하는 직원이 있었고, 또 다른 부류의 직원들은 '내가 바빠서 리더가 일처리를 대신해 주었구나! 담부터는 내가 먼저 챙겨야겠다.'라고 생각하고 일처리를 하는 직원이 있었다. 나중에 직원고과라든지 직원에 대해서 의견을 쓰는 경우가 있을 때 어느 직원의 평가가 더 좋을지는 답을 보듯 뻔하게 나타나게 된다. 리더가 배려할 때 직원들도 예의에 어긋나지 않게 행동하는 것이 매우 중요한 일이다.

▶ 직장에서 가장 많이 듣는 단어 중에 하나가 배려와 소통일 것이다. 리더의 직원에 대한 배려, 위에서 말했지만 결코 어려운 일들이 아니다. 직원의 입장에서 영업을 효율적으로 할 수 있게 하는 계기가 되는 일들이 많이 있다. 리더 본인만 생각하지 말고 직원의 입장에서 한번쯤 더 생각하고 행동하는 리더가 되도록 하자.

그리고 불통이 아닌 소통을 하는 리더가 되자. 늘 소통이라고 외치면서 즉 양방향 리더와 직원간 양방향 대화나 일처리가 되어야 하는데 리더의 일방적인 생각으로 움직이고 일방적으로 지시만 하는 경우를 종종 볼 수 있는데 이것은 불통인 것이다. 리더는 소통이라고 말을 하는데 직원이 불통으로 느끼는 것은 왜인지 한번쯤 되돌아보는 것이 중요하다.

13 따스한 말 한마디가 직원을 움직인다

> 리 더 : 일처리를 그거밖에 못해? 생각이란 것을 좀 하면서 일을 하지. 머리는 장식인가? 내가 그 상황이면 일을 그렇게 안 하지! 그동안 한게 뭐있어? (매번 이렇게 말하던 리더)
> 연말 마감이 얼마 남지 않았으니 실력발휘를 더 해봐.
> 직원1 : (속으로) 좋은 성적 마감이 좋긴 하지만, 그만하자. 1년 동안 당한 게 있는데…
> 직원2 : 날짜가 빨리 지나서 저분 좀 안 보면 정말 좋겠다.

직원들은 따스한 말 한마디에 감동하고 따스한 말 한마디에 마음이 움직여서 영업성과가 크게 달라진다. 일 년 마감을 하는데 점수가 조금 부족하여 최고등급을 못 받고 있는 상황이 있었다. 직원들이 조금씩만 더 하면 충분히 최고등급을 받을 수 있는 상황이었지만 직원들은 성과를 안올리고 최고등급을 안 받겠다고 말을 하는 것이었다. 이유는 단 하나! 일 년 동안 리더에게 받은 상처가 쌓이고 쌓여서 궁극적으로는 직원 본인을 위한 일이지만 혹시라도 리더에게 이익이 돌아갈까 두려워서 안한다는 어처구니없는 이유였다. 그 리더는 같이 근무하는 동안 직원들을 윽박지르고 본인이 하고 싶은 말만 하고, 일 년이란 시간을 지내면서 리더의 진심이 담긴 따스한 말 한마디가 없었기에 전 직원들이 등을 돌려버린 상황인 것이다.

그렇다. 직원들은 커다란 이벤트에 감동하는 것이 아니라 진심을 담은 따스한 말 한마디에 감동하는 것이다. "오늘하루 수고했다."는, "어려운 여건에서도 성과를 올려서 잘했다."는, "조금만 파이팅해볼까?"라는 가슴에서 우러나는 따스한 말 한마디에 감동하고 성과를 올릴 수 있는 동기부여가 되는 것인데 그 리더는 이런 말들을 일 년 동안 한 번도 하지 않았고, 늘 "그거밖에 못해?", "그래서 같이 근무할 수 있겠어?", "생각이란 것을 좀 하면서 업무를 추진하지?", "내가 그 상황이었으면 당신처럼 일 안 해!" "그동안 뭐한 게 있어?" 늘 이런 식으로 직원을 무시하고 본인만 잘했다고 말했던 것이다. 상황은 안타까웠지만 중간 리더를 하고 있었던 필자도 직원들의 마음을 돌리고 싶은 생각보다도 오히려 직원의 마음을 이해하고 싶었다. 길면 길고, 짧으면 짧은 1년이란 시간동안 그 리더에게 따스한 말을 들은 기억이 없었기에 필자 역시 직원들의 마음을 이해할 수 있었다.

은행 근무의 특성상 영원토록 같이 근무할 수 있는 것도 아니고, 리더라고 영원토록 리더인 것도 아니다. 같이 근무한 시간이 지나고 어디선가 다시 만났을 때 정말 좋은 리더, 정말 좋은 직원이었다는 생각으로 서로를 만날 수 있도록 같이 하는 직원 간에 따스한 말 한마디를 잊지 말자. 리더는 언제나 직원의 입장에서 한

번 더 생각해보고 직원을 이해하는 마음으로 따스한 말 한마디에 인색하지 말자. 리더의 따스한 말 한마디, 직원을 인정해주는 그런 말 한마디는 영업성과가 어렵고 힘든 때에 커다란 힘이 된다. 한사람 한 사람은 약하지만 직원들이 다 같이 모이면 커다란 힘이 되어 엄청난 영업성과를 낼 수 있다. 어느 순간 헤어진다하더라도 직원에게 따스한 말 한마디 건네는 리더가 가슴 깊이 남을 수밖에 없다. 진심으로 따스한 말을 직원들에게 전하는 가슴이 따스한 리더가 되자.

▶ "직원에게 따뜻한 말 한마디도 직원이 잘해야지 하지" 이렇게 말하는 리더도 있다. 물론 맞는 말이다. 상대방 직원이 리더인 나에게 잘 하지 못하는데 리더라고 언제나 좋은 말만 할 수는 없다. 리더가 잘해야 직원이 잘한다고, 아니 직원이 잘해야 리더가 잘한다고 어느 것이 먼저이겠는가? 사람이기 때문에, 감정이 있는 사람이기 때문에 이런 생각은 할 수 있다. 사람관계가 일방인 관계는 없다. 쌍방인 것이다. '저 사람이 하는 거 봐서 잘하든지 해야지' 이런 생각은 버리고 내가 먼저 상대방에게 베풀어보자. 말 한마디 따스하게 하는 사람에게 나쁜 말을 할 수는 없지 아니한가? 웃으면서 다가오는 사람에게 인상을 찌푸릴 수는 없지 아니한가? 상대방이 하기를 기다리지 말고 내가 먼저 실천하는 것이 중요하다. 오늘은 내가 먼저 따스한 말 한마디를 상대방에게 전달해보는 것은 어떨까?

14 직원을 위한 송별회를 준비하자

> 직원 : (직원이 임신으로 오늘까지 근무하다가 내일부터 출산휴가를 들어가야 하는 마지막 근무일) 부장님! 오늘 저를 위한 송별회를 한다고 하셨는데요. 제가 너무 피곤해서요. 그냥 사무실에서 잠깐 먹고 들어가면 안 될까요?
> 리더 : 무슨 소리야? 송별회를 그렇게 하면 되겠어? 가서 저녁 먹고 노래도 한 곡조 하는 거지.
> 직원 : (속으로) 너무 피곤한데, 어쩌나...

임신한 직원이 출산휴가를 들어가야 할 때가 되었는데 그동안 직원이 고생했다고 출산휴가 들어가는 직원을 위한 송별회를 해준다고 하는 리더가 있었다. 사무실에는 그 직원을 위한 송별회를 업무 끝나고 어느 음식점에 가서 한다고 공지 되었다. 그런데 그날 행사의 주인공인 임신한 직원이 몸이 많이 피곤해서 일 끝나고 빨리 집에 가서 쉬고 싶은 마음이 간절하여 리더에게 음식점으로 가면 시간도 많이 소요되고 몸도 피곤하니 사무실에서 간단하게 송별회를 하고 일찍 퇴근고 싶다고 말을 했다. 그러나 리더는 부득

부득 음식점으로 가서 저녁을 먹고 가야 한다고 고집을 부렸다. 할 수 없이 리더의 뜻대로 음식점에 가서 회식을 하려고 했는데 그날따라 사무실의 마감이 늦어져서 회식을 일찍 시작할 수도 없었고 늦은 시간에 몸이 피곤하고 힘들다는 임신한 직원을 데리고 송별회란 명목아래 저녁모임을 시작했다.

　직원의 몸 상황에는 관심이 없고 그저 술 마시고 놀다 들어가는 그런 회식자리가 되어버린 이런 상황이면 누가 임신한 직원을 위한 송별회 자리라고 하겠는가? 진정으로 휴직을 들어가는 직원이 고마워서 고마움을 표현하는 송별회라면, 직원을 생각한다면 직원의 입장에서 직원이 힘들지 않게 배려하고 직원이 원하는 송별회를 해야 하는 것 아니겠는가? 더구나 송별회를 하는 그날은 12명 직원 중에 3명이 휴가를 간 날이었고 3명의 직원은 개인적으로 참석이 어렵다고까지 했는데도 불구하고 늦은 시간 꼭 식당으로 가서 저녁을 먹는 것은 과연 누구를 위한 저녁자리인가? 모든 직원의 생각은 리더 본인이 샤브샤브가 꼭 먹고 싶어서 억지로 일을 강행한다는 생각이었다. 신심으로 직원이 고생한 것을 알고 직원을 위한 송별회라면 아름답게 장식해주는 것이 그 직원을 위한 송별회가 아니었을까하는 생각이다.

　먼저 답변을 들은 중간 리더도 오로지 리더만을, 리더가 원하는 일이라고 아무 생각 없이 지시대로 일을 결정하는 것이 아니라 진심으로 아래 직원의 입장에서 생각하고 행동하는 것이 궁극적으로는 리더를 위한 길인 것을 알고 행동해야 했었지만 그렇지 못한 것이 결국에는 리더를 향한 직원들의 미움이 싹트는 결과가 되었던 것이다. 송별회든 환영회든 어떠한 명목하에 직원과 함께 하는 시간이라면 진심으로 직원을 위한 행사가 될 수 있도록 리더는 노력하자. 리더 본인의 입장만을 생각하는 것이 아니라 한 번 더 생각하여 진심으로 직원을 위한 말과 행동이 될 때 직원들은 강한 충성심으로 조직을 위해서 더욱 열심히 일을 할 것이다.

▶ 환영회, 송별회 등등 직장생활에서는 모이는 자리가 참 많다. 오늘은 송별회 내일은 환영회 특히 인사 이동철이 되면 각 영업점마다 떠나는 아쉬운 마음과 만나는 즐거운 마음을 같이 표현하는 일이 많다. 같이 있는 리더의 성향에 따라서 전 직원이 모이는 자리가 즐거울 수도 있고 너무도 힘들고 지쳐버렸던 시간도 있다.

똑같은 상황에서 즐겁고, 즐겁지 않은 것은 오로지 리더의 선택에 좌우된다. 그래서 리더의 선택이 중요하다. 리더가 본인을 먼저 생각하면 직원에게는 힘든 자리가 되는 경우가 많고 리더가 직원들을 먼저 생각해 주면은 전 직원이 좀 더 즐거운 시간이 되었던 것이다. 송별회든 환영회든 직원의 상황을 먼저 고려해서 결정하는 리더가 되도록 하자.

15 같이 일하는 직원을 챙기는 리더가 되자

> 리더 : 김팀장! 오늘 출근하면서 보니 옆 부서 김과장이 얼굴이 안 좋아 보이던데 무슨 일 있나?(평소 같이 근무하는 직원에게는 전혀 관심 없던 리더였음.)
> 팀장 : 지금 옆 직원 걱정하실 때가 아닌 거 같은데… 우리 팀의 김대리가 더 피곤하고 업무에 과부하가 있는데…(속으로)

어느날 아침 리더가 같이 일하는 직원에게 아침에 출근하면서 보니 타부서 모직원의 얼굴이 안 좋아 보인다며 무슨 일 있는 거 아니냐고 물어보라고 말을 한다면 직원의 느낌은 어떠할까? 물론 같이 근무하는 우리의 리더가 평소에 직원들을 잘 관찰하고 직원들의 어려움을 헤아리면서 가까이 있는 직원을 잘 챙겨주는 리더였다면 별 문제가 없었을 것이다. '역시 우리의 리더는 같이 일하는 직원도 챙겨주면서 다른 부서의 직원까지 챙겨주는 마음이 따스한 리더'라는 생각을 하겠지만 그 리더는 같이 일하는 직원들은 안중에도 없고 늘 본인만 생각하고 직원들이 어려움을 호소하면 외면하던 배려없는 리더였다면 그런 질문에 같이 일하는 직원의 표정은 밝지 않았을 것이다.

　멀리 있는 직원을 걱정해주는 것도 리더의 일이지만, 그것보다는 같이 일하는 직원들을 관찰하고 챙겨주는 따뜻한 리더가 되자. 우리 영업점의 목표달성을 위해 열심히 일하는 직원들의 수고에 감사하는 마음으로 늘 직원을 아끼는 리더가 되자. 직원들은 큰 것이 아닌 작은 것에 감동하고 작은 것에 마음의 상처를 받는다. 리더인 내가 어떤 말을 직원에게 했을 때 과연 직원이 어떻게 생각할까 하고 받아들이는 직원의 입장을 한번쯤 생각하고 말할 수 있는 리더가 아쉬운 현실이다.

　특히 직원의 개인적인 일인 경우에는 상대방의 입장을 생각하고 말을 하는 것이 배려인 것이다. 상대의 입장을 생각하면서 말한다는 것이 어렵지만 잠시 동안 상대방의 입장을 생각하고 말하려는 노력이 있으면 어렵지 않다. 리더인 내가 하는 말에 직원들은 리더가 함께 일하는 직원을 챙기는지 아닌지를 알기 때문이다. 직원을 배려하는 마음으로 말을 한다는 것 쉬운 일이 아니지만 배려하도록 노력하는 리더가 되는 것은 어렵지 않다.

▶ 조직이 클수록 직원간 말도 많고 탈도 많다. 그리고 조직에서 인사이동으로 부서를 옮기는 경우에 발령 난 사람보다도 그 사람에 대한 소문이 먼저 이동하는 부서에 가 있는 경우가 대부분이다. 왜냐하면 은행조직이 퇴직하는 날까지 한 영업점에만 근무하는 것이 아니라 3~5년 사이면 영업점을 이동하다보니 한 직원만 건너면 모두 아는 직원이 되는 특성이 있기 때문이다. 그리고 새로운 직원을 맞이하는 직원의 입장에서는 새로 오는 직원의 성격

도 궁금하고, 나이도 궁금하고, 성향도 궁금하고, 세일즈 능력 등 등 모든 것이 궁금하다 보니 인사이동만 있으면 지시를 하지 않아도 직원들은 새로 오는 직원에 대해서 다 아는 경우가 많다. 그러므로 조직생활은 말과 행동에 조심해야한다.

또한 리더는 같이 일하는 직원에게 관심을 더 갖고 혹시라도 직원의 표정이 어두워졌는지 아니면 실적을 잘하다가 주춤한다든지 하는 일이 있는지 늘 관심을 갖고 신경을 쓰는 것이 중요하다. 멀리 있는 다른 영업점의 직원이 궁금할 수도 있겠지만 멀리 있는 직원보다는 같이 호흡하는 직원에게 신경을 더 써주는 리더가 되도록 노력하자.

16 직원의 단합행사는 직원입장에서 진행하자

> 리더 : 김팀장! 이번 단합행사는 직원의견대로 하는 걸로 하지.
> 팀장 : (직원의 의견을 묻고 취합해서) 부장님! 의견을 취합해 보니 당일 간단하게 산행 후 맛있는 점심을 먹기로 했습니다.
> 리더 : 무슨 소리야? 단합대회는 1박을 해야지, 1박을 못하면 버스를 대절하고 새벽부터 가서 즐겨야지
> 팀장 : (직원들에게 공지) 이번 단합대회는 이번 주 토요일 오전 7시에 모여서 남이섬으로 가기로 했습니다.

보통 기업에서는 일년 중 몇 번을 정해서 직원들의 화합과 건강을 도모하기 위한 체육행사를 실시한다. 이런 체육행사는 리더의 입장이 아닌 직원의 입장에서 도모되어야 한다. 1박으로 행사를 할지, 당일로 행사를 다 끝내야 할지, 어느 지역을 가서 어떤 행사는 진행할지 등 모든 것은 직원들의 의사에 의해서 결정되어야 진정으로 직원을 위한 체육행사가 될 수 있다. 하지만 대부분의 리더들은 독단으로 1박 2일을 정해서 실시하는 것으로 결정을 하거나,

직원들의 의견은 무시한 채 리더 본인이 하고 싶은 일을 결정해서 통보하고 실천하는 경우가 많다.

 1박 2일 행사가 꼭 나쁜 것은 아니지만 일박을 한다고 해서 특별히 하는 일이 있는 것이 아니라 술로 밤을 지새우고, 아침에 해장을 한다고 다시 술, 점심에 다시 낮술로 처음부터 끝까지 술을 마시는 행사가 대부분이었는데 같이 근무한 대부분의 리더들은 1박 2일의 체육행사를 고집하였다.

 체육행사라는 미명아래 합법적인 외박을 위해서인지 아니면 주말에 집에 있으면 가족으로 대접을 못 받아서인지 특히 일부 리더들은 무조건 1박을 추진하는 경우가 많다. 젊은 직원, 또는 가정이 있는 직원들은 해마다 있는 체육행사에 스트레스와 거부감을 느낄 수밖에 없다. 특히 가정이 있는 직원들은 집안행사와 맞물려 더욱더 힘든 상황이 되기 때문에 이런 직장의 행사는 직원들과의 소통을 통해서 합리적이고 바람직한 행사가 되어야만 직원들의 행복한 직장생활이 될 수 있다. 소통이 없는 리더만의 의견은 독단이 되고 만다. 독단이 시작되면 직원간의 불화가 시작되기 때문에 리더는 이러한 독단을 방지하고 진실로 직원을 위한, 직원이 업무에 대한 스트레스를 날려 버릴수 있는 체육행사가 될 수 있도록 하는 노력이 필요하다.

 지금까지 직장생활을 하면서 무수히 많은 체육행사를 했지만 직원들이 진정으로 원하는 체육행사를 한 기억이 별로 없다. 즉 직원들이 원하지 않고 매번 리더의 일정에 맞춘 무리한 날짜지정, 리더가 좋아하는 술 파티 시간, 잠을 한숨도 잘 수 없었던 시간들, 그리고 금요일 토요일 체육행사를 진행하고 나면 일요일은 거의 파김

치가 되어서 하루 종일 소파와 한 몸을 이루다 월요일 출근하면 월요일부터 피곤한 경우가 대부분이었다. 말로만 외치고 실천이 없는 조직문화는 바뀔 수가 없다. 뿌리 깊이 박혀있는 불합리한 문화를 조금씩 바꾸어서 진정으로 조직원이 춤출 수 있는 조직문화를 만드는 것은 리더의 태도에 99%가 달려 있으며, 이러한 작은 배려가 직원을 위한 큰 배려가 된다.

필자가 겪은 최악의 사례는 여러 건이지만 특히나 잊지 못할 체육행사가 생각난다. 체육행사를 어떻게 진행 할지는 전 직원들의 의견을 따르겠다고 선언하고, 전 직원의 의견을 묻는 설문서를 받아보니 대략 세 가지의 의견이 있었고 그 중 가장 많았던 의견은 직원들 모두 토요일 오전에 가볍게 산행을 하고 맛있는 점심을 먹겠다는 의견이 99%가 나와서 보고를 했더니, 리더가 하는 말은 "1박 2일로 안 가는데 그럼 멀리 가야지. 왜 가까운 곳을 가냐"고 하면서 본인의 의지대로 당일 관광버스를 불러서 가는 코스를 지시한 사례이다.

아침 7시까지 모여서 관광버스를 타고 경기도 쪽으로 체육대회를 가는데 실시하는 날이 봄과 가을이다 보니 차가 많이 막혀서 도착하니 거의 10가 다 되어 예약했던 행사도 변경하여 실시하게 되었다. 운동할 준비가 전혀 되어있지 않은 직원들이 운동에 가까운 행사를 하면서 다친 직원도 발생했고, 다시 돌아오는 길 역시 차가 막혀서 집에 도착하니 오후 10시가 다 되었다. 결국은 6시간 정도를 관광버스에 있으면서 계속 술을 마시고 그냥 가면 밋밋하다고 노래방 아닌 노래방이 되었다. 마시게 된 술로 전 직원은 취하고 의견이 맞지 않아서 크게 싸움도 하는 어처구니없이 끝나버린 춘계행사였다.

  이렇게 리더 마음대로 실시하려는 행사면 직원의 의견은 왜 묻는 것인지, 1박 2일이 아님에도 불구하고 왜 관광버스를 타고 가는 것이어야 하는지 직원들이 모두 어이없어 한 체육행사였다. 단합되어야 할 체육행사는 직원들의 가슴에 커다란 멍을 남긴 직장생활 최악의 체육행사가 되었다. 리더가 개인적으로 하고 싶은 일은 가족이나, 맘에 맞는 사람들과 실시하고 직장에서는 직원들의 의견을 존중하는 리더가 되자.

  위와 같은 일이 있으면 직원들의 사기진작을 위해서 실시한 체육행사가 오히려 직원들의 사기도 저하시키고, 직장생활이 즐겁지가 않게 되며 리더에 대한 안 좋은 말은 계속 남게 된다. 직원의 시간과 휴일을 리더 마음대로 써도 된다는 생각으로 전 직원에게 최악의 체육행사로 남게 되었다. 가끔 그 당시 직원들을 만나도 역시 최악이었다고 고개를 젓는다. 시간이 지나면 힘들었던 일도 추억으로 남는 것이 정답일 텐데 아직도 추억이라고 말하지 못하는 것은 너무도 안 좋은 시간이었기 때문일 것이다.

▶ 직원행사를 한다고 하면 대부분 젊은 직원들보다는 일부 나이든 직원들이 1박 2일을 원하는 경우가 많이 있다.

  특히 휴일에 나오는 것을 좋아했으며 주말에 집에 있는 것을 굉장히 싫어한다는 느낌을 많이 받았던 기억이다. 그것은 어쩜 젊을 때부터 오랫동안 직장만을 위해서 일해왔던 습관 때문일 것이라고 좋게 생각 해보려고 하지만 직장은 다양한 세대가 있기 때문에 어느 한편으로 치우치지 않고 모두 다 즐거운 직원행사가 되는 것이 중요하다. 그리고 지금은 예전처럼 휴일까지 반납하면서 직장생활을 하려는 직원은 별로 없다. 사회가 변함에 따라 리더의 생각과 행동이 변해야 하는 이유이다. 변화하는 시대에 변하지 않고 옛날의 추억에 잠겨 옛날의 행동만을 고집하는 것은 일명 꼰대라는 말을 듣게 된다. 시대에 맞게 변하자고 말로만 하지 말고 리더부터 변하는 시대에 맞게 변화하자.

17 직원이 기쁜 마음으로 하는 일은 효과가 배가 된다

> 시간이 지나면 해결되니 이 시간만 참아보자.
> (이런 직원들의 마음으로는 좋은 성과를 창출할 수가 없다.)

어떤 일을 하든지 마음가짐에 따라 즐거울 수도 있고 힘들 수도 있다. 가정은 물론 직장에서도 마찬가지다. 즐겁게 하는 일과 힘들고 억지로 하는 일은 결과에 따라 천차만별의 효과로 나타날 수밖에 없다. 직장생활을 하면서 모는 일이 즐거울 수는 없지만 가끔 보면 안 해도 되는 일인데 리더만 즐거운 행사를 하려는 경우를 많이 겪었다. 요즘은 워라밸로 인해서 조금은 덜하기도 하지만 많은 부분에서 업무에 필요하지도 않고, 꼭 해야 하는 일이 아님에도 불필요한 행사를 리더의 기분에 따라 추진하는 리더들을 볼 수 있다.

직장에서 직원들이 하는 말을 들어보면 자녀들이 다 큰 리더일수록 퇴근을 싫어하고 직장에서 직원들을 데리고 왕 노릇 한다고 한다. 틀린 말이라고 할 수는 없다. 요즘 분위기상 집에 가면 가만히 앉아서 배우자에게 지시를 할 수도 없고, 리더 본인도 뭔가 집안일을 거들어야만 화목한 가정 분위기가 되기 때문에 일부 리더들이 퇴근을 싫어하고, 직장에서 시간없는 직원들을 괴롭힌다는 말에 동감하고 싶다. 이렇게 불필요한 행사를 하기 전에 리더는 리더 본인의 입장만 생각하지 말고 항상 크게 생각하고 행사를 지시하는 것이 중요하다.

 필자가 겪은 필요없는 행사를 진행했던 리더들이 많이 생각난다. 한번은 직원들이 약속이 많은 연말에 불과 며칠 전에 송별회를 했음에도 불구하고 12월 31일에 또다시 연말을 보내면서 한잔하자는 리더였다. 그것도 사무실에 풍선 장식하고 음식도 주문해서 상을 차려 먹자는 리더였다. 그 모든 일을 누가 해야 할까? 리더는 차려진 음식을 먹고 즐기면 되지만 하루 종일 업무를 하고 저녁이 되어 다시 상을 차리고 풍선장식을 해야 하는 직원들의 고충은 생각해 보았는지 궁금했다.

 직원들이 피곤해서 풍선장식은 만들어놓은 예쁜 풍선을 구입해서 붙이겠다고 하니 리더는 그러면 경비가 많이 드니 풍선을 사다가 직원들이 일일이 불어서 장식을 하라고 했고, 음식도 먹을 수 있도록 직원들이 일일이 차린 사례이다. "만든 음식을 사다가 차리는 것이 뭐가 힘드냐"고 리더는 말을 하지만, 집에서 보면 알 수 있듯이 만들어 놓은 음식으로 상을 차리는 경우도 시간과 노력이 있어야하는 것임에도 리더는 직원들이 힘들지도 않은 일로 말이 많다고 한다. 이런 경우 직원들이 기쁜 마음을 가지고 행사를 준비할 수 있겠는가? 영업을 위한 것도 아니고 직원들에게 꼭 필요한 행사도 아니기 때문에 결코 기쁜 마음으로 행사를 준비하기는 어렵다. 불과 3일전에 전체 회식을 하고 다시 연말이라고 예고 없이 회식을 준비하라고 했던 리더였다.

또 한번 최악의 리더는 불필요한 모임을 너무도 자주하는 리더였다. 직원들은 업무도 해야 하고 자기계발도 해야 하기 때문에 하루의 시간이 많지 않다. 아침일찍 출근해서 저녁에 퇴근하면 대략 오후 7시, 8시 정도가 된다. 특히 자녀를 둔 직원들은 집안일에, 자녀돌보는 일에 조금씩 시간을 소비하다보면 밤 12시가 금방 되어버린다고 한다. 이런 상황에서 그 리더는 불필요한 저녁 모임을 자주 만들어서 직원들이 스트레스를 많이 받는 경우였다. 모임의 명칭도 참 다양했다. 우수직원 간담회, A팀장 모임, B팀장 모임, C팀장 모임, 젊은 직원모임 등 간담회란 명목하에 직원들을 수시로 모이게 했으며, 저녁만 먹는 것이 아니라 술로 시작해서 술로 끝나는 모임이었던 것이다. 직원들이 뭔가 업무에 대해서 다짐을 할 수 있는 귀한 시간이 아니라 술을 좋아하는 리더가 술을 먹기 위해서 모인다는 생각으로 직원들 모두 스트레스만 받았던 모임이었다.

금융계의 특성상 평생을 같이 하는 리더가 아니고 빠르면 1년, 길게는 3년 정도 같이 근무하면 되기 때문에 "그래 시간은 지나니까 이 시간만 잘 참아보자"라는 생각으로 시간만 지나기를 바라던 직원들의 모습이 생각난다. 모든 일은 직원들이 기쁜 마음으로, 자발적으로 참가 할 수 있는 것인지 한번 더 생각해보고 행사를 실시하는 리더가 되자. 아무리 좋은 리더의 감정으로 실시되는 행사라 하더라도 직원의 감정에 따라서 행사의 효과가 좋은 결과로 나타날 수도 있고 오히려 효과 없이 직원들의 마음만 상하는 행사가 될 수도 있다. 직원들에게 시간을 돌려주는 합리적인 리더가 되자. 특히 리더들은 집에 가기 싫어한다는 말이 서글프게 들려지지 않도록 노력하자. 리더답게 자기계발도 하고 다양한 책도 많이 읽으면서 좀더 합리적인 리더가 되도록 노력하자. 리더 본인의 즐거움만 추구하는 리더가 아니라 직원들의 감정까지도 생각하는 현명한 리더가 되자.

▶ 아주 오래전에는 직원들이 자주 모여서 저녁을 먹고 즐기는 시간이 좋았던 시절도 있었지만 지금의 젊은 친구들은 직장에서 상사와 시간을 보내는 것보다는 개인적인 시간을 더 중요시한다. 하지만 직장생활을 오래 한 직장 리더들은 직원들과 시간을 보내려고 하다 보니 직장에서 많은 불만의 목소리가 나오는 것을 볼 수 있다. 시대가 변한만큼 리더의 사고방식도 변해야 한다. 리더 본인이 좋아하는 일을 직원들에게 강요하는 것이 아니라 직원들이 좋아하는 일을 리더가 해야 직장분위기도 좋아지고 성과도 창출된다. 특히나 술을 좋아하는 리더라면 친구와 함께 하거나 가족과 함께 시간을 보내기를 바란다. 매일 매일 퇴근하려는 직원을 '번개'라는 모임으로 잡아두지는 말자. 영원히 리더의 자리에 있는 것도 아니고 시간이 지나면 동네주민이 되어 다시 만나지 아니하겠는가? 리더의 자리에 있을 때 좀 더 베푸는 리더가 되어 직장에서도 사람을 남길 수 있는 직장생활이 되도록 노력하자. 저녁식사뿐만 아니라 화합이라는 명목아래 점심시간도 늘 같이 하자는 리더도 있는데 이제는 이러한 풍경은 바꿔야 되지 않겠는가?

18 부하직원과의 점심도 사전에 약속하자

> 식사약속은 윗사람뿐 아니라 아랫사람과도 약속이 필요하다.

　사무실에서 근무하다 점심시간이 되어 식사를 가려는데 리더가 갑자기 점심을 같이 먹자고 한다면 어떻게 해야 할까? 식사약속은 윗사람과의 식사만 약속하는 것이 아니라 아랫사람과의 점심 식사 약속도 선행되이야 한디. 아무리 약속이 없는 부하직원이라도 점심시간을 이용해서 무슨 일을 할 수도 있고, 점심을 먹고 잠깐 쉬는 시간을 힐링이라고 생각하고 잠시 쉬는 시간을 갖고 싶어 하는 직원들도 많이 있다. 특히 요즘은 점심시간을 활용해서 운동을 하는 직원도 있고, 짧은 시간이지만 직원만의 취미생활을 하는 직원도 많다. 이렇게 점심시간이 예전에 비해 많이 바뀌었는데 조직의 리더들은 본인 약속이 없는 날이거나, 특히 예정되었던 약속이 취소가 되면 아무직원에게나 갑자기 식사를 하자고 하는 리더가 많다.

이런 경우는 리더 본인만 만족하려는 이기적인 행동이다. 입장을 바꿔놓고 아니면 직원을 배려하는 마음으로 한번쯤 생각을 해보자. 짧은 점심시간에 빨리 식사를 하고 나름대로의 뭔가를 하려고 하는데 위의 리더가 갑자기 들어와서 식사가자고 한다면 어떤 기분일까? 직원의 기분이 그리 좋지만은 않을 것이다. 왜냐하면 나름대로의 계획을 실행할 수 없기 때문이다. 부하직원과 점심을 하고자 한다면 전날까지는 아니더라도 최소한 아침이라도 사전 통보를 해서 같이 점심식사를 하는 것이, 리더의 매너 있는 행동이며, 직원의 입장에서 생각해보면, 직원이 존중받는 느낌을 받는다. 미리 통보하지 않고 부하직원이 식사를 가려고 하는데 갑자기 식사를 같이 하자고 하는 부하직원을 전혀 존중하지 않는 리더가 대부분이다. 이처럼 갑자기 리더와 함께 점심을 먹고 들어온 직원에게 물어봤다. 리더가 갑자기 점심을 먹자고 한거 같은데 "리더가 왜 그랬다고 생각해?"라고 질문했을 때 대부분직원들은 "리더의 약속이 취소되어서 땜빵으로 같이 점심을 먹은 느낌이었다."고 하는 것을 들을 수 있었다.

필자 역시 소중한 점심시간을 그냥 허비했다는 생각을 떨쳐버리기 어려운 시간이 대부분이었다. 필자는 점심을 조금 빠르게 먹고 잠시 명상을 하거나 오후에 할 일에 대해 점심시간을 이용해서 한번 더 생각하고 계획하는 것을 중요하게 생각했는데 갑작스런 리더와의 점심시간은 늘 리더 본인의 이야기만 하는 것을 들어야 했으며, 필자가 잘 못 먹는 음식이라도 리더가 맛있다고 추천까지 하면서 가자고 하면 거절하기도 어려웠고, 리더의 시간에 맞추어서 점심시간이 변동하는 것에 좋았던 기억은 하나도 없다. 사전에 약속없이 갑자기 점심을 같이 먹자고 하는 것은 리더의 시간만 중요한 것이고 리더의 마음만 중요하기 때문에 상대방에 대한 배려가 전혀 없는 것이다. 리더의 약속이 갑자기 취소되었다고 해서 식사가려는 직원을 붙잡지 말고 차라리 리더 혼자서 혼밥을 하는 것은 어떨까?

필자가 리더가 되었을 때 이렇게 갑자기 약속이 취소된 경우에는 조용한 곳에서 혼자 점심시간을 즐겼던 시간이 나름 소중한 시간으로 기억된다. "혼자 밥을 어떻게 먹나?"라고 말하는 분들도 있겠지만 요즘은 혼자 점심을 먹는 사람도 많이 증가했을뿐 아니라 바쁜 일상에서 생각하지 못했던 어떤 아이디어가 갑자기 떠오르는 날도 있어서 매우 좋았다.

부하직원과 식사를 같이 하고 싶다면 리더 본인의 시간에 맞춰서 갑자기 가자고 하지 말고 최소한 두세 시간 전이라도 미리 통보를 하거나 의사를 물어보는 것도 대단히 중요하다. 필자 역시 같이 근무하던 리더가 갑자기 점심약속이 취소가 되어 필자에게 점심을 먹자고 했던 그 시간을 생각해보니 리더에게 전혀 존중받지 못한다는 느낌을 받는 동시에 "내가 리더가 되면 절대 이런 기분을 부하직원에게 주지 말아야 겠구나." 하는 생각뿐이었다.

특히 어느 날인가 몸살 기운이 있고 피곤함을 느껴서 '빨리 점심 먹고 잠시라도 쉬어야겠구나.'하는 마음이었는데 리더가 갑자기 점심식사하러 나가자고 하는 것이 아닌가? 구내식당이 아니고 밖으로 식사를 나가면 시간도 많이 소요될 뿐 아니라 약속된 고객과의 만남도 어긋나 버리기 때문에 식사를 사주겠다고 하는 리더임에도 반갑지가 않았다. 이런 저런 사유를 말하면 또 핑계 많은 직원이 되어버리는 경우도 많다. 이런 상황이 되면 리더나 부하직원이나 서로 기분이 언짢아지는 것은 피할 수 없게 된다. 이런 좋지 않은 상황을 리더 본인이 만들지 않는 것이 얼마나 중요하겠는가? 윗사람과의 식사약속만 미리 하는 것이 아니고 부하직원과의 식사도 최소한 몇 시간 전이라도 약속하는 것도 매우 중요하며, 리더가 그렇게 행동하는 것이 부하직원의 입장에서 보면 부하직원이 존중받는 느낌으로 더욱더 리더를 신뢰할 것이다.

▶ 무슨 약속을 한다는 것, 특히 상대를 만나서 식사하는 것에 대해서 리더들이 하는 행동을 보면 대부분의 리더는 본인보다 위에 있는 사람과는 약속을 미리하는 것을 당연하게 생각하고 리더 본인보다 아랫사람과의 식사는 리더가 필요한 그 어떤 시간이라도 같이 가서 식사를 하면 된다고 생각하는 리더가 많이 있다. 이같은 생각은 리더가 바꿔야 한다고 생각한다.

앞에서 사례로 말한 것처럼 일반직원도 개인일정과 상황이 있으므로 아무리 부하직원이라도 미리 식사약속을 정해서 같이 하는 것이 중요하다. 그리고 보통 윗사람과 식사를 할 때면 윗사람이 무엇을, 즉 어떤 메뉴를 생각하는지도 물어보는데, 아랫사람과 식사를 하게 될 때는 그날 리더가 먹고 싶은 메뉴집으로 그냥 가는 경우도 볼 수 있다. 리더 본인만 생각하는 이기적이 행동이다. 리더는 윗사람도 중요하지만 같이 일하는 일반직원도 더욱 중요하게 생각하는 것이 필요하다.

예전에 일정 기간 동안 매주 회의를 하고 꼭 점심을 먹던 시간이 있었는데 그 리더는 백반정식이나, 중국집, 돼지갈비집 등의 음식을 좋아하다 보니 매주 지하실의 백반정식을 먹으러 가자고 하는 리더였다. 한두 번은 한끼 점심이니까 하고 먹었지만 매주 먹다보니 계속 먹기 어려웠고, 비오는 날이면 특히나 음식냄새 때문에 먹을 수 없게 되어 참다못해 도저히 점심을 못 먹겠다고 한 경우가 있다. 리더 본인 입맛에 맞는 음식도 중요하지만 같이 먹는 직원의 취향까지는 아니라 해도 상대방 직원 생각도 해줘야 하는 거 아닌가? 한번은 더운 여름날 리더 본인이 좋아한다고 하여 매주 부대찌개를 먹으러 갔는데 그 식당에 냉방시설이 안 되어있어서 부대찌개를 흐르는 땀과 함께 먹던 기억도 있다 이런 식으로 리더 본인만 생각하는 점심메뉴를 일방적으로 정하지 말고 한번쯤은 직원이 좋아하는 메뉴의 선택도 중요하다.

또 한번의 안 좋은 기억도 있다. 대략 2주전에 약속된 점심약속이 있어서 식사를 가려고 하는데 리더가 점심을 먹자고 하는 것이다. 오래된 선약이어서 리더에게 양해를 구했더니 그 리더는 "여기 팀이 중요해? 아님 개인적인 약속이 중요해?"라고 해서 결국에는 오래된 선약을 취소하고 같은 팀원들과 식사를 하러 간 경우가 있었다. 점심시간 내내 기분도 좋지 않았을뿐더러 선약한 사람에게는 미안한 마음을 갖게 되었다. 이런 경우 직원들이 리더를 어떻게 생각하겠는가? 아직도 이런 리더가 우리 주변에 너무도 많이 있다는 사실이 놀랍고 '얼마만큼의 시간이 지나야 이런 조직문화가 바뀔 수 있을까?'라는 생각으로 늘 마음이 무거웠다. 리더들이여 부디 직원을 먼저 생각하는 리더가 될 수 있도록 노력하자.

19 월요일 아침에는 화를 내지 말자

> 리더가 좋으면 월요일이 기다려진다.

월요일 아침부터 화를 내는 리더가 있다. 직원들을 모두 모아놓고 실적이 안 좋은 것에 대한 구체적인 지적도 아니고 "이런 식으로 일을 하면 안되지", "무슨 일들을 이렇게 하는 거지"라는 말만 되풀이 하면서 리더 본인의 표정관리도 못하고 울그락 불그락 인상도 찌푸리고 목소리도 크게 막말을 하는 리더는 되지 말자. 주말에 어떤 생각을 하면서 지냈는지, 출근길에 아니면 가정에 무슨 일이 있었는지 그런 생각을 직원들이 할 수 있는 여지는 만들지 말자.

한주를 시작하는 월요일, 기분 좋게 시작해야 한주간의 일도 잘 되고, 직원들의 기분과 사기도 올라서 실적도 오를 수 있다. 같이 근무했던 리더는 주말이 되면 '이번월요일 아침에는 무슨 꼬투리를 잡아서 직원들에게 윽박지를까?'라는 생각을 하면서 출근하는 리더 같았다. 아무 일도 아니고 오늘 안에 처리하면 되는 일까지 말하면서 전 직원에게 막말을 하는 리더였다.

　매주 월요일 아침 8시부터 전 직원회의를 했는데 그 회의가 끝나고 나오면 직원들 모두 웃음을 잃고, 일할 마음을 잃고 그저 먼 허공을 30분 정도 바라보다가 겨우 정신을 차리고 일을 시작했던 시간이 생각난다. 회의라는 미명하에 본인이 하고 싶은 말만 하고 그것도 지난주 월요일에 했던 말, 똑같은 말을 다시 반복하고 리더 본인만 떠들다 시간이 지나면 "나가서 일 보세요."라는 말 한마디 던지는 리더였다. 본인이 하고 싶은 말을 다하면서 어찌 직원을 리드한단 말인가? 회의는 말 그대로 소통이 되어야 하지 않겠는가? 묻고 답하고 어려운 점을 이야기하는 그런 소통 말이다. 그런데 이 리더 밑에서 일하던 중간 책임자는 일요일 저녁만 되면 가슴이 두근거리고, 집에 있는 시간임에도 불구하고 말을 못하는 그런 증상이 나타난다고 힘들어 하곤 했다. 얼마나 힘든 회의 시간이면 울렁증까지 생겨서 생활하기 힘들어 한단 말인가? 그리고 다른 직원은 일요일 저녁이면 "내일은 태풍이 와서 아니면 눈이 너무 많이 와서 출근을 안했으면 좋겠다는 생각을 하면서 잠이 든다."는 말을 들었을 때는 충격적이었다.

　즐거워야 할 직장생활의 월요일아침, 일주일 중 첫 영업일부터 화를 내는 리더 밑에서는 직원모두 한주의 첫날부터 지쳐버리는 경우가 대부분이다. 두리뭉실하게 싸잡아서 화를 내지 말고 어떤 면이 어떻게 잘못되었는지 왜 그런 일이 생겼는지 한번 들어보고 화를 내도 늦지 않을 텐데, 무조건 본인이 하고 싶은 말을 다 표현해버리는 리더는 되지 말자. 직원들의 사기와 일하고 싶은 모든 마음을 접게 만들어 버린다.

 필자역시 직장생활 중에서 그런 회의 시간이 가장 힘든 직장생활로 기억에 남는다. 즐거워야할 월요일 첫날부터 기운 빠지고 정신 나간 사람처럼 멍하게 한참을 앉아서 아침에 리더가 무슨 말을 했는지 생각 해보면 전혀 생각이 나지 않는 것이었다. 리더가 무엇을 잘못했다고 하는지도 모르겠고 그저 본인이 본인의 화를 못 이겨서 직원들에게 화를 낸 것만 같은 생각이 드는 것이었다. 그렇게 한주를 시작하면 직장생활이 즐겁지도 의욕이 생기지도 않아서 힘들어 지는 것을 느꼈으며 늘 하던 생각은 '내가 리더가 되면 절대 저렇게 하지 말아야지'라는 다짐의 시간만 되었던 기억이 있다.

 직장인 대부분이 월요일 아침에는 출근하기 싫다는 사실이 여러 가지 조사에서 나타나 있다. 그래서 월요병이라고 까지 하지 않는가? 아는 지인은 일요일 저녁이 되면 가슴이 뛰면서 잠들기도 힘들다고 하소연을 하곤 한다. 매번 돌아오는 월요일 아침이 힘이 든다면 어떻게 일주일을, 한 달을, 일 년을 잘 지낼 수 있단 말인가? 직원들이 좀더 즐겁게 한주를 시작할 수 있게 할 수 있는 사람은 그 조직의 리더인데 리더가 월요일 아침부터 회의라는 미명아래 어떤 특정의 이유도 없이 화를 낸다면 직원들은 업무에 대한 동기부여를 받는 것이 아니고 일에 대한 의욕이 감소된다. 월요일아침에는 화를 내기보다는 직원들이 일주일을 즐겁게 시작할 수 있도록 만드는 리더가 되자.

 필자의 직장생활을 생각해보면 좋은 리더와 함께 근무하던 시간에는 월요일이 빨리 돌아와서 빨리 성과를 내고 싶다는 생각으로 금요일 저녁이 무척 싫었고, 좋지 않은 리더와 근무할 때는 금요일이 되면 기운이 나고 일요일 저녁이면 '아 내일이 벌써 월요일이네. 어떻게 출근을 해야 하나?' 이런 생각을 했던 시간도 있다. 리더는 직원들이 월요일 아침이면 즐거운 마음으로 출근할 수 있게 할 수도 있고 소 끌려오듯이 어쩔 수 없이 출근하게 할 수도 있다. 당신이라면 어떤 리더가 되고 싶은가?

▶ 조직에서는 주로 월요일 아침에 한주의 시작으로 회의를 하는데 직원들이 좀 더 즐거운 월요일 회의시간이 되기 위해서는 맡은 업무의 성과 뿐 만 아니라 앞으로의 업무 진행 계획 등을 정확히 알고 회의를 참여하는 것이 중요하다. 특히 업무나 성과에 대해서 질문을 하는 리더도 자주 볼 수 있는데 이럴 경우 직원은 '리더가 아침부터 왜 저런 쓸데없는 질문을 하지?'라는 생각보다는 '리더가 더 자세하게 파악하려는 의도구나.'라는 생각으로 준비하는 것이 즐거운 월요일 회의가 될 수 있으며, 회의가 있을 때는 회의시간에 맞춰서 착석하는 것도 중요한 예의가 된다.

월요일 오전 8시 회의 이렇게 분명하게 정해져 있는 시간도 못 지켜서 5분, 10분 지각하는 직원도 있고, 본인이 맡은 업무에 대한 진척도 전혀 파악이 안 되어 회의에 참여하는 직원도 볼 수 있는데 이런 행동은 리더로 하여금 이유없이 화를 내는 계기가 될 수 있음을 상기하는 것이 좋다. 그리고 리더 역시 표정관리하는 것이 쉬운 일만은 아니다. 직원들에게 하고 싶은 말도 많고, 직원이 일하는 것을 보면서 '저렇게 하는 것보다는 이렇게 하는 것이 더 실적향상이 있을 것 같은데'라는 생각도 하지만 혹여나 직원이 상처받을꺼란 생각에 좀 더 완곡하게 표현하면서 리더는 본인관리를 하고 있을 것이다. 리더라고 어찌 매번 좋은 표정만으로 직장생활을 할 수 있겠냐만은 그럼에도 불구하고 직원들의 하고자 하는 모습을 봤을 때는 보람과 직장생활의 즐거움이 느껴진다. 직장생활이다 보니 늘 경쟁의 연속 속에서 한 달 한 달 실적을 맞추는데 매달 1등을 할 수도 없지만 특정직원이 아닌 전 직원이 힘을 모아서 좋은 성적을 내는 달에는 큰 기쁨을 느끼는 시간이었다.

사례로 직원 몇 명되지 않는 점포에 근무할 때였다. 1등을 하자고 말을 하니 정말 한 직원도 빠지지 않고 성과를 내기위해서 노력을 했고 그 결과 역전승으로 1등을 한 경우가 있었는데 이때의 기쁨은 표현하기 어려울정도로 매우 기쁜 시간이었고, 직원들 역시 눈물까지 흘리면서 좋아했던 시간이다. 그리고 직원들이 하는 말은 "어느 한사람, 아니면 큰 실적한방으로 1등을 한 것이 아니라 이렇게 전 직원이 힘을 합쳐서 1등을 하니 너무도 기쁘다."고 한 말이 아주 오랫동안 기억에 남는다. 이런 직장 생활에서 전 직원의 표정이 밝아질 수 있는 것이다. 리더든 직원이든 늘 표정관리를 잘해서 좀 더 좋은 직장생활이 될 수 있도록 하는 것이 중요하다.

20 영업을 같이 간 직원에게 부끄러운 리더는 되지 말자

영업을 하다보면 리더와 함께 거래처 마케팅을 하러 가는 경우가 종종 있다. 이럴 때 보면 리더와 같이 있어서 리더가 자랑스러운 경우가 있고, 부끄러움을 느끼는 경우가 있다.(부끄러움은 왜 말한 사람의 몫이 아니라 곁에 있는 사람의 몫이 되는 것일까?)

필자는 두 가지 경우 모두 경험을 했는데 전자의 자랑스러운 경우는 같이 간 리더가 본인을 높이는 것이 아니라 본인보다 상대 거래처를 높이면서 예의를 지키는 경우였다. 그 리더는 어느 고객이나 존경을 표현할 정도로 말과 행동에서 예의를 지키고 거래처인 상대방을 높여주고, 같이 간 직원까지도 높여줌으로써 거래처에서조차 직원에게 예의를 지킬 수 있는 분위기를 만드는 리더였기 때문에 어디를 같이 가더라도 몸과 마음이 즐거웠고, 영업을 하면서 조금 어려운 상황이 오더라도 견딜 수 있는 힘이 될 수 있었고, 존경하는 리더여서 무슨 일이든 리더와 상의 할 수 있었다.

그 리더와 섭외를 같이하면서 많은 성과를 올릴 수 있었던 것도 궁극적으로는 리더의 태도 때문이다. 그럼에도 불구하고 그 리더는 항상 "우리 팀장님께서 훌륭하셔서 실적이 좋았습니다"라는 겸손한 말을 잊지 않았기에 지금도 그 리더를 생각하면 존경심이 떠오르는 리더이고 그 리더의 모습을 생각하면 아직도 배우고자 하는 마음이 든다. 그리고 후자의 리더와 같이 영업섭외를 한 경우도 있었는데 그 리더와 같이 섭외를 하면 리더가 또 어떤 이상한 말을 할지 몰라 늘 불안했고, 말투, 몸짓 모든 것이 리더 본인의 입장만 생각해서 거래처 상대방 역시 앞에서는 웃지만 표정은 예의 없다는 표정이었다.

보통 영업을 하면서 섭외를 가게 되면 거래처의 상황과 그 거래처 대표의 상황을 들어주고 서로의 윈윈을 도모해야 함에도 그 리더는 언제 어디서나 본인이 잘 살아왔다는 자랑과 리더 본인처럼 영업을 잘하는 사람은 없다는 겸손하지 못한 말 뿐만 아니라 거래처 대표의 말을 듣기는 싫어하고 본인의 말만 하다 보니 같이 간 필자 역시 창피함을 느낀 경우가 많았고 웬만해서는 그 리더와 같이 영업섭외를 가고 싶지 않았다.

어느 사업장에 갔을 때는 세 번이나 본 고객을 기억하지 못한 리더가 거래처 사람들이 있는 곳에서 우리 직원이 본인을 소개 시켜주지 않아서 리더 본인이 인사가 늦었다고 말을 하는 것이었다. 그런 말을 들은 고객도 너무 어처구니가 없었는지 그저 웃으면서 말을 하지 못하였고 그런 물음에 답을 할 수도 없는 상황이었다. 그리고 그 리더는 같이 간 직원을 소개하면서 "제가 데리고 있는 직원입니다" 이렇게 본인의 부하라는 식으로 직원을 소개함으로써 직원을 깎아 내리는 것이 기본이었다. 이런 식으로 말을 하면 리더 본인이 높아지는 것처럼 리더 본인은 느낄 수 있으나 본인도 높아지지 못하고 같이 간 직원 역시 리더와 같이 낮아지는 것이다.

리더가 직원을 데리고 같이 영업을 간 경우라면 직원을 높여주자. 모든 일처리 역시 직원이 할 것이고 지속적인 관리 역시 직원이 할 것인데 그 자리에서 리더가 높아지고 직원이 낮아지는 것이 영업에 무슨 도움이 되겠는가? 예전 리더들은 사무실에 앉아서 지시만 하는 리더였지만 지금은 직원과 함께 섭외를 같이 가야 하는 경우가 많다. 직원과 함께 섭외를 가는 경우 직원을 부끄럽게 하는 리더는 되지 말자.

직원이 창피함을 느끼는 경우는 외부섭외를 같이 가서인 경우도 있지만 내부직원과 대화를 하면서도 창피함을 느끼게 하는 리더도 있다. 그런 리더는 역시나 본인이 직급이 높다는 것을 늘 강조하고 리더 본인은 친하다는 표현을 거친 말로 하거나 좀 상스런 말로 하는 경우가 있는데 이럴 경우도 리더가 같이 있어서 창피함을 느낄 수 있다. 아무리 아랫사람이더라도 전 직원 앞에서 심한 반말을 한다거나 말도 안 되는 말을 하는 리더와 같이 근무할 때는 그 리더가 하는 말과 행동으로 오히려 직원들이 창피함을 느끼게 된다. 리더는 늘 정도를 지키는 것이 중요하다.

▶ 직원의 입장에서도 리더와 같이 섭외를 간 경우에는 항상 본인의 리더임을 잊지 말고 예의를 지키는 것도 중요하다. 한번은 팀장과 같이 섭외를 간 경우가 있었는데 필자는 초면이었고 그 팀장은 자주 본 거래처여서 인지 도무지 필자가 말할 틈도 없이 상대방의 질문에 톡톡 받아치는 상황을 겪은 경우가 있었다. 이런 경우 직원의 입장에서는 말을 좀 자제하고 리더와 거래처가 많은 대화를 할수 있도록 곁에서 도와주는 것이 중요하고, 리더와 같이 거래처 인사를 가는 경우에는 사전에 거래처의 상황과 현재의 영업 현황 등을 요약해서 리더가 좀 더 알고 거래처를 갈수 있도록 준

비해주는 것도 직원이 해야 할 일이다. 무작정 리더에게 어디를 같이 가자고 하는 직원은 되지 말자. 리더와 직원이 같이 섭외를 가는 경우 사무실에서 보다 더 예의를 지키는 것도 중요하다. 리더든 직원이든 그리고 외부고객에게든 아니면 내부고객에게든 같이 있는 상황에게 상대방의 말과 행동으로 창피함을 느끼는 경우는 없도록 하자.

제3장
리더의 공감, 소통

01 직원들의 진실된 마음을 읽는 리더가 되자

> 리 더 : 이번 주말 교육에 대한 소감을 말해 볼까?
> 직원1 : 많은 것을 배울 수 있었던 뜻깊은 하루였어요.
> 직원2 : 이런 교육의 시간을 마련해 주셔서 감사드립니다.
> 리 더 : 주말 교육이 좋았다니 내년에도 이런 교육을 진행해야겠다.

 같이 근무하는 직원들은 웬만해선 리더에게 진실을 말하지 않는다. 아무리 힘들고 짜증나는 일을 시켜도 "아 네. 괜찮아요." 아무리 힘들고 받기 싫은 교육이었다고 하더라도 리더가 교육이 어땠냐고 물으면 "아 교육이 너무 좋았어요.", "배울 것이 많은 좋은 경험이었어요." 또 리더와 함께 식사를 하는데 리더가 선택한 음식이거나 음식점이면 아무리 맛이 없었더라도 리더가 직원에게 "여기 음식 어때?"라고 물으면 "음식이 너무 맛있었어요.", "여기 음식점 너무 좋아요." 등등 리더가 듣기 좋은 진실 아닌 거짓말을 한다. 그런데 직원들의 맘을 헤아리지 못하는 리더는 본인이 추진한 일들에 대해 직원들이 좋아했다고, 만족했다고 생각하고 또다시 직원들이 싫어하는 일들을 추진하게 된다. 리더는 직원들의 말에 담겨있는 진실된 마음을 읽는 진정한 리더가 될 수 있도록 노력해야 한다.

예전에 주말에 전 직원이 나와서 9시간에 걸쳐 연수를 받는 교육이 있었다. 물론 주말 교육신청도 리더가 독단으로 신청하고 날짜도 리더 본인의 일정에 맞게 정한 교육이였다. 주말에 쉬지도 못하고 무거운 마음으로 직원들은 교육에 임했고, 틈나는 데로 모여서 "이런 주말교육 너무 힘들다.", "업무에 도움도 안 되는데 왜하는지 모르겠다."며 왜 이런 의미 없는 교육을 해야 하는지 교육 진행 내내 힘들어 하고 불평을 했지만 교육의 맨 마지막 소감 발표 시간에는 "많은 것을 배운 뜻깊은 하루"였다고 대부분의 직원들이 모두 마음에 없는 소감을 발표하고 있었는데 마무리 리더의 말은 "직원여러분이 이렇게까지 주말교육을 좋아하는 줄 몰랐다."며 내년에 또 신청하겠다고 하면서 흐뭇한 미소와 함께 다음날부터는 실적이 많이 향상될 것이라고 리더 혼자 믿는 것이었다. 옆 동료들은 직원 모두 마음에 없는 말을 한다는 것을 알고 있었지만 리더만 몰랐던 것이다. 리더가 직원들의 말투와 몸짓에 조금만 신경을 썼어도 금방 '직원들이 힘들어 한 시간이였구나.'라는 것을 알 수 있었음에도 그 리더는 전혀 그 사실을 모르고 직원들이 좋아한다고 생각하는 것이다.

또 다른 리더는 리더 본인이 골프하는 것을 너무 좋아해서 틈만 나면 주말에 운동을 가자고 했고 심지어 업무 후에 직원들을 모두 데리고 스크린골프장까지 가는 리더였다. 물론 골프를 좋아하는 직원이거나 평소에 즐기는 직원이라면 아무런 문제가 없었겠지만, 골프도 하지 않는 직원들까지 스크린골프장을 데리고 가서 골프하는 직원들 응원 하라고 한 것이다. 행사 진행 전부터 말도 많았고 행사를 실시하는 날까지도 직원들의 불평이 있었지만 리더의 눈에는 직원들이 즐거워한다고. 그리고 선물까지 타 가는데 어느 직원이 싫어하겠냐면서 본인의 말과 행동이 합리적이고 직원모두가 즐거운 시간이었다고 평가하는 것을 겪은 적이 있다. 이 얼마나 어리석은 리더란 말인가? 하루 업무를 끝내고 피곤한 몸을 이끌고 스크린골프장에서 정작 직원 본인은 골프를 하는 것도 아니고 응원하는 직원이 되어 억지로 참석하는 직원들의 마음을 모르고 "어때 좋은 시간이었지?"라고 물으니 직원들은 앞뒤 대답 없이 그냥 "예"라고 하는데도 그것이 진실된 직원의 마음이라고 생각하면서 자주 이런 행사를 하겠다고 해서 직원들 모두가 기겁을 한 경우도 있다. 리더가 추진한 행사가 끝나고 직원들에게 소감을 물었을 때 직원들은 "너무 하기 싫었다.", "너무 힘들었다."고 리더에게 말을 하지 않는다. 가끔 아주 가끔 직언을 하는 직원이 있더라도 리더가 듣고 싶이 히지 않기 때문에 이니면 몇 번을 직원들의 진심을 말했으나 리더가 받아들이지 않았기 때문에 리더에게 직원들의 진짜 마음을 전달하지 않는다.

직원들의 마음을 헤아리지 못하는 리더는 리더 본인의 틀에 본인 생각을 가둬놓고 아무리 좋은 의견도 본인이 하고자 하는 것에 반하는 말은 듣고 싶어 하지도 않고, 들었어도 못들은 척하는 경우가 많다. 오히려 직원들의 진실된 마음을 전하는 직원을 미워하고 역량점수를 내리는 경우도 많이 볼 수 있다. 이렇게 직원들의 진실된 생각을 읽지 못하고 리더의 생각대로만 하는 경우에 그 조직은 결코 발전하지 못하고 리더의 이론적인 생각에서는 실적이 증가하지만 그것도 잠시 진정한 직원들의 마음에서 우러나는 실적 증대는 어려워진다. 보이는 것만 믿는 리더는 되지 말자. 직원들의 진심을 읽는 진정으로 직원들이 원하는 것을 아는 그런 리더가 되자. 리더에게는 날카로운 매의 눈이 필요하다. 직원들이 진정으로 원하는 것, 직원들이 진정으로 하고 싶은 말을 읽을 수 있는 날카로운 눈 말이다.

아무리 좋은 교육이라고 해도 하루의 교육으로 직원들의 의식을 바꾸기는 어렵다. 그럼에도 불구하고 평일도 부족해서 주말까지 연수를 받게 하는 의미없는 교육에, 리더의 욕심에 직원들의 사기는 떨어지고, 리더가 좋아하는 일을 직원들에게 강요하는 것도 직원들의 불만만 높이는 결과가 된다. 직원들이 주말에 가족과 함께 푹 쉬고 즐거운 마음으로 출근할 수 있도록 하는 것이 직원들을 진정으로 위하는 것이다. 리더 본인이 좋아해서 실천하는 모임이 아니라 진정으로 직원들이 말하는, 원하는 것을 할 수 있는 리더가 되자.

▶ 위의 사례에서 골프를 너무도 좋아하는 리더는 회의 때도 "우리 언제 골프 갈까?", "언제 스크린 갈까?"부터 시작해서 골프하는 날짜만 잡다가 1년이란 시간을 허비한 느낌이 드는 리더였다. 본인이 하고 싶고 좋아하는 일은 본인 친구들이나 가족과 하자.

직장동료는 별 생각이 없는데 본인이 리더라고 일방적으로 골프약속을 잡고 새벽같이 나오라고 하는 리더들의 행동은 이제 바꿔어야 한다. 혹여나 직원이 주말에 집에 있는 것을 싫어하고 취미가 골프인 경우는 예외가 되지만 리더가 좋아한다고 해서 주말에 쉬고자 하는 직원을 리더의 자리에 있다고 강요하는 시대는 이미 지나갔다.

 필자 역시 주말에 골프 치는 것을 좋아하지 않았기에 그 리더와 함께한 2년이란 시간동안 많은 스트레스를 받았던 기억이다. 일방적인 주말 골프 스케줄에 참여를 못하면서도 스트레스를 받았고 술과 함께 한 시간들이 많이 힘들었다. 속으로만 싫어했던 것이 아니라 왜 주말에 골프가 어려운지에 대해서 말을 했음에도 불구하고 리더의 일방적인 제의는 늘 직장생활을 하는데 많은 어려움을 주었다. 예전엔 직급이 깡패라는 말이 있었을 정도로 직급으로 말하면 거절하기 어려워서 싫어도 싫은 내색없이 참가해야했던 시절도 있었지만 지금은 시대가 많이 변하였다. 시대의 변화를 리더만 모른 채 과거의 회상에 잠겨서 혹시나 꼰대소리를 듣는 리더는 아닌지 한번쯤 생각해보는 것도 중요하다.

02 커뮤니케이션은 공감이며 소통이다

> 직원들과는 불통이 아닌 소통을 하자.

소통이란 "의견을 말하는 상대방과 뜻이 통하게 해서 어떤 일이든 오해없이 할 수 있는 것"이라고 생각한다. 하지만 우리는 일상에서 상대방과 대화를 할 때 본인도 알게 모르게 상대방을 설득하려고 한다. 설득을 하려다 보니 언성이 높아지고 상대가 내말에 동의하지 않으면 관계가 불편해진다. 특히 리더가 소통을 하자고 하면서 본인의 의지가 담긴 말을 전달하는 경우가 대부분이며, 회의를 하자고 하면서도 역시 리더의 생각만 전달되는 경우가 대부분이다.

대화는 상대와의 공감이며 소통이다. 상대방의 이야기를 경청하고 그 말에 공감을 해 줄 때 비로서 커뮤니케이션이 완성되는 것이다. 예전의 한 리더는 처음 인사말에서 본인은 직원과 소통하는 리더가 되겠다고 인사를 했다. 리더 밑의 중간리더격인 팀장은 매일매일 직원연수에 대한 리더의 지시사항에 대해서 직원들의 어려움과 불만을 리더에게 보고하면서 조금만 직원의 입장에서 연수를 운영했으면 좋겠다는 의견을 제시한 적이 있었는데, 팀장의 말을 듣고 있던 리더는 불같이 화를 냈다. 이유는 본인이 정한 연수에 대해 불평을 갖는다는 이유에서였다. 직원에 대한 배려와 공감이 없고 단지 리더 본인이 하고자 하는 방향대로 직원들이 따르지 않는다는 리더의 협소한 생각 때문에 언성이 높아지고 결국엔 리더와 직원의 커뮤니케이션은 깨지고 같이 지내는 직원들의 표정은 어두워지면서 지식의 전달이 되지 않는, 아무런 의미가 없는 시간 때우기식의 연수가 매일 매일 지속적으로 이루어진 경험이 있다.

리더가 생각한 연수의 방향이 있기에 그러한 방향을 지시하였고 직원들은 한 달여 동안 리더가 원하는 방식의 연수진행을 해봤지만 효과도 없고 피곤만 쌓이다 보니 소통을 강조한 리더에게 소통을 하고자 했던 것이지만 리더가 말한 소통은 소통이 아닌 불통이었던 것이다.

직장생활에서 리더가 직원에 대한 배려와 공감이 있을 때 직원들의 조직에 대한 애정과 충성심이 생겨서 더 열심히 일을 한다. 리더가 지시한 말이라도 그것이 진정으로 직원을 위한 것이 아닐 때는 아니라고 말할 수 있는 중간리더가 필요하고 아니라고 직원들이 말하는 사항에 대해서는 다시 한번 생각하는 리더, 직원들이 진심으로 소통이 가능한 리더가 조직에 있을 때 리더와 조직원 모두가 즐거운 직장생활, 성과가 창출하는 직장이 될 수 있다. 그러기 위해서는 직원과 리더의 쌍방향이고 서로가 공감이 되는 커뮤니케이션이 절대적으로 필요하다. 조직에서는 소통이 필요한 것이지 불통이 필요한 것은 절대 아님을 명심하고 좀 더 직원의 입장에서 생각해보고 직원과 소통하는 리더가 될 수 있도록 노력하자.

▶ 회의란 미명아래 리더들은 본인의 말만 계속한다. 회의가 아니고 소통이 아니고 일방적인 전달시간이란 생각이 많이 드는 회의를 아주 오랫동안 해왔다. 그러다 보니 회의에서 건설적인 의견은 없었고 과거에 진행했던 아이디어나 그 아이디어조차 없는 회의시간이다 보니 다시 또 결론이 리더가 정한 사항으로 정해진 경우들이 대부분이다.

예전에 리더와 회의를 하고나면 '내가 왜 여기 직원일까?'라는 자괴감와 심한 우울증을 앓았던 기억이 있다. 이 리더는 지난주에 부진했던 항목에 대해서 왜 부진했는지 그리고 다음주 한주는 어떻게 진행할 것인지에 대해서 매주 회의를 하였는데 말은 회의라는 모임이지만 모든 직원들 앞에서 지난주에 왜 부진했는지 그리고 이번 주는 어떻게 하겠다는 발표를 하는데 결국에는 매주 똑같은 말을 하게 되고 다른 직원들 앞에서 모욕감만 느끼면서 시간이 흘렀던 아주 힘든 시간이였다.

직원들과 회의를 할 때 리더와 직원이 함께 건설적인 대화로 소통하는 시간이 될 수 있도록 하는 리더의 스킬이 필요하다. 잘한 일을 잘했다고 칭찬도 하고 어려운 점은 혼자가 아닌 함께라는 명분으로 더 잘할 수 있도록 하는 것이 진정한 소통인 것이다. 잘한 것은 당연하게 해야하는 것이고 못한 지표에 대해서 질책만 하는 그런 리더와 회의나, 소통을 하려는 직원은 없을 것이다. 예전에 많이 했던 전달식 회의가 아닌 직원의 어려움을 듣고 같이 고민하고 소통하는 리더가 되자.

03 죽을 만큼 일하라고 말하는 리더

> 리 더 : 직원 여러분이 조직을 위해서 죽을 만큼 일을 해야지!
> 직원1 : 죽을 만큼 일하다 죽으면 어떡하지?
> 직원2 : 우리 부장님의 저 말씀보다는 "최선을 다하자", "열심히 일하자" 이런 말씀을 하셨으면 좋겠어…

　가끔 조직의 리더를 보면, "조직을 위해서 죽을 만큼 일하라."고 말하는 리더를 볼 수 있다. 그럼 직원들은 이렇게 말을 한다. "그럼 일하면서 죽으라는 말인가?" 같은 말이라도 조직을 위해서 목표를 세우고 열정을 가지고 열심히 하자는 말과 죽을 만큼 일하라는 말의 어감 차이는 매우 크다. 일을 하다가 정말 죽어버리면 조직은 그 직원에게 무엇을 해줄 수 있다는 말인가? 내가 있어야 조직이 있는 것 아닌가? 대부분 조직에서 조직원들은 어떻게 하면 높은 성과를 낼 수 있을까를 고민하면서 나름대로 목표달성을 위해서 열심히 일하고 리더의 리더십 아래 직원들이 하나가 되어 한 방향으로 목표를 달성하고자 최선을 다한다. 알아서 열심히 일하는 조직원들에게 죽을 만큼 일하라고 주문하는 것은 오히려 사기를 저하시킨다. 특히 그 리더는 늘 말로는 "가정과 본인의 건강이 무엇보다 최우선입니다." 하면서도 조직을 위해서 죽을 만큼 일 하라고 하는 것이었다.

리더의 언어는 조직원의 마음에 아주 크게 와 닿는다. 그래서 리더의 언어가 중요하다고 하는 것이다. 늘 직원을 격려하고 이끌어야 하는 리더로서, 그리고 직원의 영업력이 조직의 기본이 되는 현 상황에서 직원들에게 죽을 만큼 일하라는 말은 하지 말자. "목표를 세우고 그 목표달성을 위해서 힘차게 해보자"는 리더의 말이 "오늘 죽을 만큼 일하자" 라는 말보다 더 마음에 와 닿지 않겠는가? 죽을 만큼 일을 하라고 하면 직원들은 그 말을 열심히 하라는 말로 느끼기 보다는 '직원들을 죽이려고 하나?', '본인이나 그렇게 죽을 만큼 일 해보시지', '본인은 하지도 않으면서 직원들에게 왜 죽을 만큼 일을 하라는 것일까?'하는 마음을 갖게 만든다. 이처럼 리더는 언어의 사용이 중요하다. 특히 조사만 잘 사용해도 직원에게 힘이 되는 말이 된다.

국어가 어렵다고 하지만 생각해보면 조사하나만 바뀌어도 칭찬이 질책으로 들린다. 같이 근무했던 리더가 출근한 직원에게 이렇게 말을 한 적이 있었다. "어제는 실적이 많네요."라고. 이 말을 칭찬으로 들어야 할까 아니면 질책으로 들어야 할까? 실적이 많다는 말은 언뜻 칭찬같이 들리지만 듣는 이에 따라서는 지금까지 놀다가 어제만 유독실적을 했다는 말로도 들릴 수 있다. 리더와 그 직원 간 친소관계에 따라 칭찬이 정말 칭찬으로 들리는지 아니면 칭찬이 비아냥으로 들리는지 달라진다. 리더와 평소에 친하게 지내는 직원이라면 리더가 무슨 말을 해도 칭찬의 말로 들리겠지만 평소에 관계가 좋지 않은 직원에게 이런 말을 한 것이기 때문에 문제가 된다.

아침에 기쁜 마음으로 출근해서 '오늘도 어제처럼 많은 실적을 해봐야지'라는 생각으로 업무준비를 하던 직원에게 그 리더의 말은 잘하고 싶었던 마음을 사라지게 만들기에 충분했다. 똑같은 말이라도 "어제도 실적이 많네요." 이렇게 말을 했다면 그 말을 들은 직원의 마음을 어떠했을까? 어제도 실적이 많았고 그전에도 많았다는 완벽한 칭찬의 말로 들리게 된다. 직원들의 사기진작을 위해서도 리더의 말에는 배려가 묻어있어야 하며, 리더의 말이 직원의 마음에 진심으로 와닿은 만큼 열심히 일하는 직원들을 볼 수 있게 된다.

리더가 한마디 한마디 모든 말을 신경 쓰면서 할 수는 없겠지만 평소 직원에 대한 배려의 마음이 없다면 특히 더 직원들의 사기를 저하시키는 말을 하게 된다.

▶ 리더의 말은 정말 중요하다. 직원들은 리더의 단어 하나하나를 새겨들으면서 '혹시나 나에게 지금 질책을 하는 것인가' '어제 일을 잘못했다고 하는 것인가' '방금 전 리더의 말을 어떻게 해석해야 하는 거지' 등등 직원들은 리더의 단어에 매우 예민하다. 그러기에 리더가 직원을 배려하지 않는 말을 하게 되면 금방 직원의 사기가 꺾인다.

평소 관계가 형성된 직원에게 "죽을 만큼 열심히 해봐"라고 했을 때는 '아 리더가 열심히 해보자는 말을 하는구나.'라고 긍정의 언어로 받아들이지만 평소 관계가 소원한 리더와 직원이라면 '내가 죽으면 무슨 의미가 있나'라는 생각을 하게 된다. 그리고 관계가 좋다 하더라고 리더와 직원의 생각이 다르기 때문에 결코 좋은 의미로 받아들이기는 어렵다. 그리고 가끔 리더와 직원간의 불미스러운 일들을 전해 듣는 경우가 있는데 그런 일들도 평소에 리더와 직원의 관계가 좋고 나쁨에서 별일 아닌 일로, 아니면 불미스런 일로 되는 경우가 많다.

리더는 평소에 직원들과 대화를 할 때도 늘 단어의 선택에 주의를 하는 것이 필요하다. 한번 입 밖으로 나온 말은 다시 주워 담을 수가 없으므로 리더의 말 한마디 한마디가 중요하다. 리더라고 아무 때나 농담이나 반말을 사용하는 것은 삼가하자.

04 직원 면담은 고충을 먼저 들어줘라

> 리　더 : 김팀장! 직원 면담하게 들어와.
> 　　　　 김팀장은 실적을 이것 밖에 할 수가 없나?
> 　　　　 실적을 더 해야 한다는 생각은 안하는가?
> 김팀장 : 좀 더 최선을 다해보겠습니다.
> 리　더 : 이런저런 핑계 대지 말고 열심히 좀 하지…

흔히 조직에서는 직원들을 알기위한 제도의 하나로 직원 고충사항을 들어주기라는 일명 '직원알기제도'라는 것이 있다. 어느 조직에서는 직원 개인 면담이란 말로도 활용되기도 한다. 필자가 있었던 조직에서는 일 년에 두 번 상·하반기에 직원 알기 제도로 리더가 직원 한 명씩 면담을 하면서 직장생활의 어려움이나, 개인적인 어려움 등등 직장생활의 전반적인 사항에 대해서 리더와 직원의 면담이 있다.

이럴 때 리더는 두 부류로 나뉜다. 첫 번째 유형의 리더는 직원 개인 상담을 위해서 업무에 영향이 없는 시간대로 부드러운 분위기를 위한 따스한 차와 함께 직원의 고충을 먼저 들어주고 "어떻게 하면 좀 더 나은 조직이 될까"를 직원과 같이 고민하고 직원의 어려운 점 등을 해소할 수 있는 조언을 리더가 해주어 직원이 좀 더 성과를 올릴 수 있는 의지가 있도록 하는 리더가 있는 반면, 필자가 만난 리더는 열심히 일하라고 하면서 직원별 순위를 내세워 가며 더 잘 할 수 있는 것 같은데 좀 더 노력을 안 하는 것 같다고, 다른 직원보다 더 무거운 어깨의 짐을 느끼면서 당신이 열심히 하라고 본인의 말만하는 리더를 본적이 있다. 면담이라는 미명아래 직원의 말은 전혀 듣지 않은 채 리더 본인의 말만 하고 "나가 보세요."라고 말하는 리더였고, 직원의 고충과 직원의 좀더 나은 직장생활에서의 어려움 등은 전혀 듣지 않은 채 본인의 말만하고 지시하는 리더였다.

직원고충을 알고 더 즐거운 직장생활을 위한 면담이라면 리더의 요구를 말하기전에 직원의 직장생활은 어떤지? 혹시 직장생활을 하면서 어려운 점은 없는지, 직원 간 화합은 잘되고 있는지 등등 전체적인 직장분위기부터 들어보고 직원들이 좀 더 직장생활을 잘 할 수 있는 방향을 제시한 후에, 리더가 원하는 것을 요구하는 것이 직원의 말도 듣지 않은 채 일방적인 리더의 요구사항을 말하는 것보다는 직원의 사기가 높아지지 않을까? 그렇게 리더 자신의 요구사항만 말하는 리더와 상담하고 나온 직원들의 모습은 어두웠으며 할 말을 잃은듯한 표정이 역력했다. 리더가 "누구씨, 상담하게 들어오세요." 해서 "네, 지금 들어갑니다."라고 말하면서 들어가던 밝은 표정은 사라지고 직원들의 표정이 어두워진 이유는 무엇일까? 좋은 리더는 조직원들의 의견을 잘 듣는 좋은 청취자가 되어야 한다. 어떤 결정이든 최종 결정은 리더의 몫이지만 그 결정을 위해서 직원들의 다양한 의견을 경청하는 것은 리더의 몫이다.

또 한명의 리더는 상담을 하면서 직원이 어려운 점을 이야기하면 "그런 핑계는 말하지 마세요! 직장생활에서 어려운 점이 없는 것이 이상한 거 아닙니까?"라는 리더도 있다. 다양한 인격체의 직원들이 많은 큰 조직에서 다양한 의견이 나오는 것은 당연한 결과이며 이렇게 다양한 의견이 나오는 조직이 발전가능성이 있는 조직이고, 다양한 의견이 늘 나올 수 있도록 하는 것도 리더의 자질이다.

필자 역시 느꼈던 것처럼 상담이란 명목하에 모든 말이 실적으로 시작해서 실적으로 끝나버린 리더와의 면담은 직원을 좀 더 이해하고 그것이 성과로 연결된다는 조직의 제도를 리더가 전혀 활용하지 못하여 차라리 그런 제도가 없는 것이 더 낫지 않을까 하는 생각을 여러 번 했던 기억이다. 많은 직원들은 리더의 일방적인 말만 듣고 나온 탓에 마음이 무거워지고 울상이 되었을 뿐더러 특히 아침에 그런 일이 있던 직원들은 하루종일 성과도 올리지 못하고 기분이 안 좋았던 것을 많이 볼 수 있었다. 리더는 직원상담을 할 때도 직원을 격려할 수 있는 작은 배려를 하자. 할 말은 하되 직원의 어려움, 고충을 먼저 들어주고 이해해주고 그다음 리더의 요구사항을 말하는 리더가 되자. 요즘직원들은 작은 언어, 단어 하나에도 마음아파하며 그 단어, 그 언어가 가진 의미에 깊은 생각을 하는 경향이 있기 때문이다.

▶ 예전보다는 직장에서 있는 시간이 많이 줄어든 탓에 직원과 함께 화합의 시간을 가지려 해도 충분치 못한 점이 시간이 지나고 나니 많은 아쉬움으로 남는다.

어느 날인가 한 직원이 "저 상담을 하고 싶은데요."라고 해서 짧은 시간이지만 직원의 어려움을 들어 준적이 있다. 개인적인 가정의 일을 말하면서 "가정사를 표시내고 싶지 않은데요. 주변에서 자꾸 제가 말라간다고 해서 혹시나 무슨 걱정이라도 하실까봐서 이렇게 말씀드립니다." 마음이 뭉클하고 왠지 모를 미안함이 남았다. '직장과 가정생활을 같이 하면서 많이 힘들었을 텐데… 내가 조금 더 관심을 갖고 먼저 다가갔어야 했는데'라는 생각에 많이도 미안했던 시간이었다.

예전에는 업무시간이 끝나고 사무실에서 늦게까지 떠들면서 간식도 먹을 수 있었지만 지금은 워라밸로 늦게 까지 사무실에 있을 수도 없다보니 직원개개인의 사정을 파악해서 신경 쓴다는 것이 예전보다 더 어려워졌다. 그럼에도 불구하고 리더라면 늘 직원에게 관심을 갖고 직원들의 관심사항이나 어려운사항등을 경청해주고 해결을 위해 노력하려는 리더가 필요한 것이 시대적 사명이다. 직원을 이해하려고 노력할 때 직원들은 조직에 그리고 리더에 다가온다.

05 창의적인 직원을 만들자

> 직원은 일을 믿고 맡겼을 때 많은 책임감을 느끼고 좀 더 창의적으로 업무를 한다.

　리더는 직원들이 좀더 창의적인 사고를 지니고 그 창의적인 사고가 업무로 연결되어 담당업무가 발전할 수 있는 기회를 마련해 줘야 한다. 그렇게 하기 위해서는 업무를 위임하고 지원스스로가 '어떻게 하면 업무의 성과가 더 잘 오를수 있을까?' 생각할 수 있도록 해주어야 한다.

　예전에 한 리더는 리더의 일뿐만 아니라 아래 직원이 해야 할 일까지 간섭 아닌 간섭을 하다보니 직원들은 아무 생각없이 그저 시키는 일만 하는 것을 보았다. 예를 들면 직원연수를 담당하는 중간리더는 "연수계획을 어떻게 운영해서 직원들의 역량을 더 키울 수 있을까"를 고민하고 고민한 만큼 훌륭한 연수시간이 되도록 해야 하는데 리더가 연수를 해야 할 요일과 시간뿐만 아니라 연수시간에 무엇을 해야 하는지를 적어서 지시를 한 경우가 있었다. 그렇게 리더가 준 용지대로 진행하면 분명히 직원들의 반발이 있고 연수효과가 없다는 것을 알고 리더에게 건의를 했지만 리더가 받아들이지 않고 리더 본인이 지시하는 대로 하라고 했기에, 리더가 시키는 대로 연수를 진행한 결과 연수효과도 없고 그저 황금같은 아침시간을 때우기만 한 연수시간이 된 것이다. 이런 결과는 리더가 중간리더에게 위임을 해서 좀 더 중간리더가 창의적으로 연수시간을 운영하고 직원들 역시 창의적인 직원이 될 수 있도록 해야 했지만 그렇게 하지 못했기에 발생한 일이었다. 그리고 중간리더가 리더에게 연수에 관해서 의견을 말했다가 리더와 소통이 전혀 안 된다는 것을 알고 중간리더의 의견을 포기하고 그냥 리더가 시키는 일만 했던 것이다.

처음 리더가 되다보면 모든 업무적인 일에 대해서 직원들이 믿음직스럽지 못하고 본인이 중간 리더일 때 했던 것을 생각하다보니 모든 일을 리더 본인의 뜻대로 하고자 하는 경우가 많이 있다. 그런 경우 위임을 못하는 리더가 되는 것이다. 직원을 창의적으로 만들어야 영업에 있어서 좀 더 성과를 내고 발전하지 않겠는가? 창의적인 직원으로 만들기 위해서는 시행착오를 겪더라도 직원이 자발적으로 생각하고 행동할 수 있도록 리더가 기회를 주고 리드해야한다. 너무도 많은 간섭과 직원을 믿지 못하는 것은 직원의 창의적인 사고를 방해하고 그저 겉으로만 "예"를 말하는 그런 직원을 만드는 결과가 된다.

사사로운 업무에 참견하고 리더 본인의 의지를 나타내서 직원의 생각을 잠재우지 말자. 직원들은 본인들에게 일을 믿고 맡겼을 때 좀 더 책임감을 느끼면서 일을 하고 일을 하면서 성취감을 느끼면서 창의적인 직원이 되는 것이다. 그리고 리더라면 위임을 했을 때 정말 열정을 갖고 일을 하는 직원인지 아니면 우리가 흔히 말하는 땡땡이를 칠 직원인지는 리더가 더 잘 알고 있지 아니한가? 리더가 되었음에도 불구하고 일을 하는 직원과 일을 하지 않는 직원을 구별하는데 어려움이 있다면 리더는 좀 더 공부를 해야 하지 않겠는가? 직원을 믿었으면 믿음과 인내를 갖고 끝까지 신뢰하자.

즉각적이고 가시적인 성과가 없더라도 조금만 인내해서 직원이 좀 더 창의적일 수 있도록 리드하자. 그래야 조직이 성장하고 직원도 성장할 수 있다. 하지만 조직은 늘 단기적인 성과를 요구하다보니 리더에게 짧은시간의 기다림도 허용하지 않는 경우가 많다. 대부분 단기성과로 평가되는 현실이 안타깝지만 설사 그렇다하더라도 직원을 조금만 믿고 조금의 시간을 허용하면서 진심으로 직원을 코칭하고 리드하는 것이 진정한 리더가 아니겠는가?

리더가 되었다면 과거의 본인이 하던 것을 강요하지 말고 직원을 믿고 직원에게 창의력을 선사하는 리더가 되자.

▶ 예전에 비해서 창의적인 직원과 함께 일하는 게 더 어려워진 느낌이다. 예전에는 직원들이 무슨 일이건 본인들이 더 생각하고 좀 더 발전할 수 있는 여러 가지 의견도 있어서 좀 더 창의적인 시간이었는데 요즘은 직원들이 할 일도 많아지고 뭔가 더 실적에 대한 스트레스를 받아서 그런지 창의적인 생각과 행동보다는 수동적인 경우가 많다. 4차 산업의 활발한 발달로 직장생활 깊은 곳까지 사람의 생각보다도 IT의 발전이 빠르게 스며들고 있지만 그래

도 무슨 일이든 좀 더 효율적인, 그리고 창의적인 면은 없는지 생각을 하면서 일을 하는 것이 나와 조직의 발전에 더 기여한다. 하루하루 목표없이 직장생활만 하다보면 즉 아침에 출근하고 저녁 퇴근시간이 되어 퇴근하고 이렇게 다람쥐 쳇바퀴 돌 듯 생활을 하다보면 시간이 지날수록 창의적이지 못하게 된다. 직장생활이 바빠도 그리고 단순한 업무를 한다 할지라도 직원들 스스로가 좀 더 창의적인 직장생활이 될 수 있도록 노력하는 것이 본인도 직장도 발전할 수 있다.

함께 생활한 직원 역시 두 부류이다. 한 부류는 아침에 출근해서 아무성과도 없이 그저 업무처리만 하다가 퇴근시간이 되면 퇴근하는 직원이 있고, 다른 한 부류는 아침에 출근하면 '오늘은 이 고객에게 전화를 해서 시장동향도 알려주고 고객관리도 해야겠다.'라는 생각에 아침부터 표정이 다른 직원을 볼 수 있다. 리더가 되어 직원들 앞에서 말을 하다보면 열심히 하려는 직원과 그저 하루가 끝나기를 기다리는 직원의 눈빛은 너무도 다르다. 오랜 직장생활에서인지 눈빛만 봐도 그 직원이 어떤 생각을 하는지 신기하게도 알게 되는 것은 왜일까? 직장은 나를 발전시키고 나를 성장시키는 곳으로 인식 하고 최선을 다해서 직장생활하는 것이 조직에도 그리고 직원 본인에게도 효과적이다.

06 리더의 방향 제시가 중요하다

> 무작정 열심히 하자고 하지 말고 어떤 항목을 어떻게, 얼마만큼 해야 목표가 달성되는지 구체적인 수치를 제시하자.

　리더는 무엇인가를 끊임없이 하고 싶어 한다. 즉 남이 하지 않는 일이거나 내가있는 부서가 아닌 다른 부서보다 좀 더 무엇을 더 해야지만 열심히 한다는 생각에 빠지고 그런 생각이 본인 스스로 잘한다는 생각을 한다. 하지만 그 무엇인가를 어떻게 하느냐에 따라서 직장의 분위기는 180도 달라진다. 무슨 일이든 직원의 의지는 없고 단지 리더의 강압에 의해서 억지로 하는 분위기라면 안 하는 게 더 낫다. 한 예로 직장마다 있는 직원연수를 들 수 있다. 굳이 연수를 안 해도 되는 날임에도 불구하고 매일매일 일정한 시간에 모여서 같은 말을 반복한다고 생각해보자. 예전에 어떤 리더는 직원들이 매일 모여서 무엇인가 이야기를 하고 있는 모습을 봐야 맘이 편하다고 해서 매일 매일 직원들이 모여서 교육을 한다고 한다.

예전에 사무실에서 연수할 때의 일이다. 앞에서 교육하는 직원도 의미 없는 말로 혼자 떠들고 있고, 앉아있는 직원들은 업무노트에 무엇인가를 열심히 적고 있던 광경을 보았다. 연수가 끝나고 별로 적을 것도 없었던 연수시간에 직원들은 무엇을 그렇게 열심히 적었을까 궁금해서 직원들의 노트를 본 순간 웃지 않을 수 없는 글들을 볼 수가 있었다. 오늘저녁의 메뉴는 콩나물국, 마트에서 사가야 할 것은 콩나물, 파, 마늘 이런 필기도 있었고, 한 직원의 노트에는 '정말 지겹다. 어제와 똑같은 교육, 교육 … 대체 왜 이런 의미없는 시간을 지시한 걸까 우리 리더는…', '오늘 모임은 어디로 할까' 이런 직원들의 필기를 본 것이다. 이런 상황에서 매일 같은 시간에 하는 교육이 진정으로 직원들에게 무슨 도움이 된다는 말인가? 분명 아무런 효과도 없이 직원들의 귀한 아침시간을 뺏는 것이다. 하지만 처음리더의 자리에 오르면 그저 '직원들이 모여서 연수를 하는 구나'라는 생각에 흐뭇해만 하는 리더가 많은 것이 우리의 현실이다. 의미 없는 이런 연수보다는 일주일의 한 번의 연수라도 연수를 왜 해야 하는지, 이 연수를 통해서 직원들은 무엇을 배우고, 업무와 어떻게 연결시키고 접목을 시켜야하는지에 대한 답을 가지고 연수를 진행할 수 있도록 하는 것도 리더의 몫이다.

리더는 방향성을 제시하는 것이 중요하다. 리더가 연수시간에 열심히 하자고 하지 말고 무엇을 어떻게 얼마만큼 해야 목표달성이 되는 것인지 명확하게 지시하는 것이 중요하다. 의미 없는 일을 매일 의미 없게 하는 것보다는 항상 어떻게 할 것인가에 초점을 맞추고 직원의 마음을 헤아리는 그런 리더가 되자. 형식적으로 무슨 일을 해야만 하는, 보여주기식의 일들은 영업하는데 방해만 될 뿐이다. 리더가 확고한 확신을 가지고 꼭 필요한 일들을 주문하자. 리더가 보기에 만족스러운 일보다는 직원들이 방향성을 가지고 일을 할 수 있도록 정확한 방향성의 제시도 리더의 몫이다. 조직이 나아갈 방향을 정확하게 제시하는 현명한 리더가 되자.

▶ 가끔 여러 부서간 어떤 목표를 가지고 경쟁을 하는 경우가 있다. 이럴 때 "직원여러분, 오늘도 열심히 해봅시다."라고 말하는 리더가 있는 반면 어떤 리더는 목표에 대한 실적을 분석해서 "이 목표를 달성하려면 우리 직원분들이 오늘 몇 건의 처리가 필요합니다. 오늘도 이 부분에서 몇 건을 할 수 있는 의미 있는 하루가 되어봅시다."라고 말하는 리더가 있다. 이럴 경우 직원들은 어떤 느낌을 갖고 업무를 할 것인가? 당연히 몇 건의 목표를 말한 리더의 말을 기억하고 '오늘은 저 목표달성을 위해서 노력하고 나도 오늘 최소한 5건은 해야지' 이런 목표를 지니게 될 것이다. 많은 리더들이 그저 외치는 열심히란 단어는 직원으로 하여금 어떠한 목표의식도 갖도록 하지 못한다. 정확히게 무엇을 몇 개씩 이란 뚜렷한 방향제시가 필요하다. 직원들이 달성해야할 목표는 한 가지가 아니고 이것도 해야 하고 저것도 해야 하는 여러 가지이다. 모든 것을 하루아침에 다할 수는 없는 것이다. 이럴 때 리더가 분석을 하고 정확하게 하고자 하는 방향을 제시해 준다면 우리 직원들이 좀 더 목표달성에 다가갈 수 있다.

리더는 항상 정확한 방향을 제시하도록 노력하자. 두리뭉실하게 이것저것 다 해야 한다고 하면 직원들이 집중할 수 있겠는가?

07 업무 지시는 정확히 하자

> 리더의 명확한 업무지시는 직원들이 일하는데 있어 중요한 부분이다.

직장에는 일반직원과 중간관리자 그리고 최고의 리더가 있다. 가끔 최고리더의 업무지시를 보면 과연 리더의 생각인 것인가? 라는 의구심이 들 때가 많다. 업무내용에 따라서 일반직원에게 지시를 해야 할 것인지, 중간관리자에게 지시를 해야 하는지조차 모르고 지시하는 리더가 많다. 누가봐도 중간관리자에게 지시할 일임에도 불구하고 일반직원에게 지시를 하는 경우 그 지시를 받는 직원으로 하여금 어떻게 업무처리를 할 것인가에 대한 고민을 주는 것은 물론 중간관리자에게 도움을 받지 않고는 해결이 어려운 일들이 대부분이며, 지시받은 직원의 고민뿐만이 아니라 중간관리자와의 새로운 갈등으로 근무의욕까지 상실한다고 한다. 지시받은 대부분의 직원들이 "제가 왜 이 일을 해야 하는지 정말 모르겠고 어차피 중간관리자와 함께 해야 하는 일이 대부분이라서 오히려 중간관리자에게 미움을 받지나 않을지 모르겠다."라고 하면서 거의 울먹이는 직원까지 본 경우가 많이 있다. 제 3자의 입장에서 들어봐도 최고리더의 지시는 잘못되었다는 것을 알 수 있으며 그 이유가 무엇일까라는 생각을 해본 경우가 있었는데 그때의 최고리더는 중간관리자급과 나이가 비슷했고 평소에 술을 같이 먹으면서 친하게 지내온 터라 업무지시를 못하고 모든 업무를 만만한 직원에게 한 경우가 많았으며,

또 다른 이유로는 중간관리자가 최고 관리자보다 나이가 많거나 경력이 많아서 업무지시에 대한 껄끄러움을 리더가 느끼는 경우도 있었다. 궁극적으로 업무처리는 되겠지만 업무지시를 받아서 처리하는 직원이 받는 마음의 상처는 누가 치료하겠는가? 리더의 자리에 있으면 직원 간 나이와 경력에 연연하지 말고 정확하게 업무 지시하는 것이 필요하다. 지난밤에 술을 같이 먹었다고 업무지시를 못하는 것은 리더의 자격이 의심스러울 뿐만 아니라 그러한 자세로는 조직을 이끌어 나갈 수가 없다. 조직의 리더라면 리더답게 업무담당직원에게 명확하게 업무를 지시하자. 과연 이 지시사항이 중간관리자에게 할 사항인지, 아니면 일반 직원에게 해야 할 것인지는 누구보다도 리더 자신이 더 잘 알고 있을 것이다.

직원에게 업무지시를 할 때 업무담당자를 정확히 알고 업무를 지시하고 지시할 업무의 내용도 명확하게 함으로써 지시받는 직원이 당황하거나 무엇을 해야 할지 모르는 상황은 만들지 말자.

▶ 요즘직장에서는 연공서열이 많이 없어졌다. 예전같이 "내가

나이가 몇인데 이런 걸 하겠어" 라는 직원도 없을 것이다. 지난 직장생활을 생각해보면 리더보다 나이가 많았던 중간리더를 볼 때 두 종류의 중간관리자를 볼 수 있었다. 중간관리자보다 리더가 나이가 좀 더 어리다 해도 본인의 역할인 중간관리자 역할을 충실히 하면서 리더와 하나가 되어서 직장생활을 열심히 하고 직원들을 리드해서 좋은 성과를 창출하는 중간관리자가 있었고, 다른 한편으로는 리더를 무시하는 태도와 행동으로 직장의 모든 직원을 힘들게 하는 중간관리자를 볼 수 있었다. 직장생활을 하고 안하고는 모두 본인의 판단일 것이다. 직장생활이 가정생활은 될 수 없다. 나이를 떠나서 맡은바 일을 책임을 지는 직원이 되자. 리더가 중간리더보다 어리다면 리더 입장도 그렇게 편하지는 않을 것이다. 이런 경우 리더와 중간리더가 서로 간 예의를 지키면서 맡은바 업무에 최선을 다할 때 그 영업점의 성과가 올라간다.

08 공과 사는 구별하는 리더가 되자

> 리더가 아무리 예뻐하는 직원이라도 잘못이 있으면 코칭을 할 줄 아는 리더가 되자.

　같이 근무하던 리더의 일이다. 이 리더는 예뻐하는 직원에게 하는 말과 예뻐하지 않는 직원에게 하는 말은 매우 달랐다. 말투, 표정까지 누구라도 알 수 있게 표현하는 리더였다. 한번은 리더가 예뻐하는 직원이 전날 늦게까지 술을 먹고 다음날 출근도 늦게 했다. 그런데 그 늦은 직원이 사무실의 문을 열어야 하는 당번이었던 상황으로 전 직원이 밖에서 그 직원이 출근하기를 기다리다가 결국에는 비상상황에 문을 열 수 있는 형태로 출입문을 열었고 전 직원은 허겁지겁 들어와서 업무준비를 하고 마음 급하게 영업을 시작한 경우이다. 업무시작 시간이 한참을 지난 후에 그 직원은 술 냄새를 풀풀 풍기면서 출근을 했는데 당신이 리더라면 그 직원에게 어떤 말과 행동을 하겠는가? 같이 근무하던 리더는 전 직원이 보는데서 그 직원에게 "김대리 얼굴이 많이 안되어 보이네. 요즘 일이 많이 힘든가봐."라고 말을 하고 아무 일도 없었던 상황으로 그냥 하루가 지나간 경우였다.

　아무리 예뻐하는 직원이라고 해도 리더는 공과 사를 구별해야하지 않을까? 라는 생각을 전 직원이 하고 말았다. 부하직원이 잘못된 일을 한 경우에는 아무리 리더 자신이 예뻐하는 직원이라도 잘못된 일에 대해서는 야단을 치고 다시는 그러한 일이 발생하지 않도록 해야 하는 것이 리더인 것이다. 다른 직원들은 리더의 그런 모습을 보면서 과연 내가 저 직원처럼 술 먹고 늦게 출근을 해도 우리의 리더는 저런 따스한 말을 내게 할 수 있을까? 라는 생각을 하게 되었던 사건이었다. 필자 역시 '직장이란 곳이 이렇게도 규율이 없는 곳이었던가?'라고 생각한 경우였으며 대다수의 직원들이 "직장의 규율이 너무도 없군요"라는 말을 하는 것을 들을 수 있었다.

　모든 직원들이 살맛나는 직장, 출근하고 싶은 직장이 아니라 어느 한 직원만 리더의 사랑을 받으면서 무슨 잘못을 해도 그 직원에게는 편한 직장이고, 다른 직원들에게 힘들게 일하는 직장이 된다는 생각을 하게 되는 것은 오로지 리더의 잘못된 말과 행동이 있기 때문이다.

　옛말에 자식도 속으로 예뻐하라는 말이 있다. 그것은 자녀를 올바르게 지도하기 위해서 겉으로는 강하게, 속으로는 예뻐하라는 말로 그 말 역시 옳은 일, 그른 일을 정확하게 표현하고 가르쳐주라는 말일 것이다. 하물며 가정에서조차도 이런 말을 하는데 다양한 가치관을 지니고 다양한 성격의 사람들이 모여서 근무하는 직장이란 곳에서는 어떠하겠는가? 직원이 잘못을 했을 때는 질책과 함께 코칭을 해줌으로써 다시는 타인으로부터 그 직원이 욕먹지 않게 하는 것도 리더의 역할인 것이다. 리더라면 공과 사를 구별하여 행동함으로써 모든 직원에게 공평하다는 평을 듣는 것이 매우 중요하다.

  누구나 어떤 직원이나 출근하고 싶은 직장을 만드는 것은 리더의 역할이 99%를 차지한다. 필자가 리더가 되었을 때는 직장에서 행동과 말을 신경써서 조심했던 기억이 난다. 사람이다 보니 좀더 챙겨주고 싶고 좀 더 따스한 말을 해주고 싶은 직원도 있기 마련이다. 하지만 챙겨주고 싶은 직원에게는 행복한 직장생활이 되겠지만 나머지 직원들에게는 행복한 직장생활이 되지 않을 것 같은 생각에 사무실에서는 항상 똑같은 말과 같은 행동으로 직원들을 대하였고, 너무 열심히 일하는 직원에게는 사무실에서 표시나지 않게 카톡으로 열심히 일하는 것에 대한 감사의 표시를 했다. 이렇게 해보니 열심히 하던 직원은 더 열심히 하고 마인드 역시 리더의 마인드를 지니게 되는 것을 볼 수 있었다. 정말 중요한 것은 리더는 철저하게 공과 사를 구별할 줄 아는 것이 중요하다고 할수 있다.

  ▶ 리너의 공과 사 구별도 중요하지만 직원들 역시 공과 사를 구별하면서 업무를 하는 것도 중요하다. 요즘은 워라벨로 업무 중에 정말 열심히 일하고 퇴근시간에 맞추어 퇴근을 해야 하는데 가끔 보면 업무용 기계는 켜져 있으면서 업무를 하지 않고 집에서 해야 할일을 사무실에서 하는 경우를 종종 볼 수 있다. 이러한 행동은 직원이 공과 사를 구별하지 않기 때문에 생기는 일이다. 직원도 늘 공과 사를 구별해야하고 리더가 보건 안 보건 업무 중에는 정말 최선을 다해서 일을 하자. 그래야 퇴근하는 발걸음도 가볍지 않겠는가?

09 직원의 업무 스타일 파악이 중요하다

> 알아서 잘하는 직원은 가끔 동기부여만으로도 충분하지만 알아서 하지 않는 직원에게는 리더의 코칭이 필요하다.

　직장에서 근무를 하다보면 모든 일을 알아서 잘 처리하는 직원이 있는 반면, 흔히 말하는 뺀질이 스타일로 일을 안 하는 직원이 있다. 특히 평소에는 일을 잘 안하면서 리더가 있을 때만 일을 하는 척하는 직원들이 있다. 이러한 사무실 상황에서 리더는 직원들의 업무 스타일파악이 중요하다. 왜냐하면 시키지 않아도 알아서 업무를 처리하는 직원들은 업무에 대한 동기부여만 조금씩 시켜줘도 영업실적이 오른다. 하지만 일을 하는 척만 하는 직원은 리더가 관심을 갖고 업무에 대한 코칭도 해줘야하고 태만하지 않게 일을 할 수 있게 리드를 해주어야 한다. 이런 사무실 분위기속에서 직원 개개인의 업무 스타일을 파악하지 못하는 리더는 훌륭한 영업성과를 창출할 수 없다.
　예전에 한 리더는 다른 곳에서 정말 잘하는 직원을 본인의 영업점에 데려다놓고서 실적을 많이 내야한다고 하면서 그 직원이 전혀 일할 수 없는 사무분담을 준적이 있었는데 그 리더의 잘못은 직원의 성향과 어떤 업무를 잘하는 직원인지의 파악이 전혀 안된 상황이었다. 왜냐하면 그 일 잘하는 직원이 좀 더 많은 성과를 창출할 수 있도록 자리를 배치했어야 함에도 불구하고 영업실적을 창출할 수 있는 자리가 아닌 내부적인 일처리를 하는 자리에 그 직원을 앉혀놓고서 실적창출을 기대했던 것이다. 이렇듯 리더는 직원의 성향파악도 중요하지만 직원이 성과를 잘 창출할 수 있도록 그 능력에 맞추어 담당업무를 주는 것도 매우 중요하다. 영업을 잘 아는 리더는 일하는 직원들을 뒤에서 보기만 해도 아니 사무실에 처음 들어와서 사무실의 분위기만 봐도 어느 직원이 일을 열심히 하는 직원인지, 어느 직원이 태만하게 일을 하는 직원인지 다 알 수 있다. 평소에 리더 본인에게 좋은 말만 하는 직원을 좋은 직원으로, 열심히 하는 직원으로 생각하는 리더가 아니라면 그동안의 경력과 사람 보는 눈이 있기 때문에 리더들은 새로운 사무실이라 하더라도 하루만 살펴보면 다 알 수 있다.

같이 근무하던 리더는 함께 근무한 지가 여러 달이 지났는데도 직원들의 업무 스타일을 전혀 파악하지 못해서 영업성과도 하위였으며, 직원들에게 좋은 평판도 듣지 못하였다. 같이 근무하던 한 직원의 업무스타일은 모든 일에 나름대로 계획을 세우고 알아서 하는 스타일이었다. 이 직원과 함께한 리더는 직원들의 업무스타일을 전혀 파악하지 않고 지시를 하였기 때문에 그 유능한 직원뿐 아니라 전 직원이 힘들어 했던 시기가 있었다. 그 유능한 직원은 다음날 할 일을 먼저 계획하고 다음날 교육을 해야 한다면 무슨 교육을 해야 하는지 무엇을 직원들에게 목표로 제시해야 하는지 등 모든 것에 계획을 세우고 늘 1등으로 출근을 해서 다시 한 번 업무확인을 하는 스타일의 직원이었는데 리더는 불쑥불쑥 내일 회의는 하느냐고, 내일 교육은 하느냐고 묻고 업무와 전혀 다른 교육지시를 하다보니 팀장이 계획을 세우면서 할 수 있는 일이 없는 경우가 자주 발생하여 그 직원 스스로 연수와 업무에 대한 계획을 세우지 않고 리더가 말하는 것만 하는 그런 수동적인 직원이 되어가는 것을 볼 수 있었다.

알아서 하는 직원에게 재차 지시를 하게 되면 일을 맡기고도 즉 위임을 하고도 믿지 못하여 간섭하는 상황밖에 되지 않는다. 직원에게 업무를 위임했으면 어떻게 하는지 관찰을 하고 믿고 신뢰하는 것이 리더의 역할인 것이다. 그 반대의 경우는 리더가 리드를 해야 한다. 열심히 일을 하지 않다가 리더가 사무실에 있는 때만 일을 하는척하는 직원이 간혹 있다. 직원들은 그런 사실을 모두 알고 있는데도 불구하고 리더 혼자만 그 사실을 모르는 경우가 종종 있는데 이런 경우는 리더의 관찰이 부족한 것이고. 리더가 본인에게 좋은 말만 하는 직원의 말만 듣기 때문인 것이다.

또 다른 리더 역시 직원파악을 전혀 못해서 평소에 일 잘하는 직원이 성과도 못하고 성장하지 못하는 경우도 있다. 그 직원은 본인이 맡은 업무도 열심히 했지만 다른 직원이 성과를 올릴 수 있도록 늘 신경 쓰면서 업무협업을 잘하는 직원이었는데 함께한 리더는 그런 직원의 업무스타일을 전혀 파악 못하고 열심히 일하는 직원에게 왜 본인 일만 하느냐고 핀잔을 줬는데, 그 핀잔은 열심히 일하는 직원의 사기를 꺾어서 열심히 일하지 않는, 협업을 하지 않는 직원으로 만든 경우이다. 리더는 평소에도 매와 같은 예리한 눈으로 직원의 업무스타일을 파악해두고 업무스타일에 맞추어서 지시를 한다면 좀 더 조직의 영업성과를 극대화할 수 있다.

▶ 리더의 자리에 오를수록 많이 외로워지는 것을 느낄 수 있다. 영업이 잘 안 되는 날에는 누구라도 붙잡고 하소연이라도 하고 싶지만 리더이기 때문에 그런 속마음을 드러내지 못하고 혼자서 삭여야 하는 날들이 많다. 예전에 같이 근무하던 리더에게 "리더가 되면 될수록 외로워진다."는 말을 자주 들었던 기억이 난다. 하지만 리더이기 때문에 겪어야 하는 시간이라고 생각한다. 직원의 성향파악과 직원이 잘할 수 있는 업무를 주려고 늘 고민하고 실천에 옮겨도 100% 완벽하지는 못했던 기억이다. 그러기에 직원에게 따스한 마음을 지니고 직원의 입장에서 어려운 점을 자주 경청해야만 직원의 성향파악이 쉬워진다. 외롭다는 생각을 잠시 한 적도 있지만 리더를 믿고 따르는 직원을 보면서 힘을 얻고 또다시 영업을 시작할 수가 있다. 우리 식원 여러분도 리더가 혼신을 다해 직원을 챙겨주고 아껴주는 리더인 것을 알고 있다면 직원의 입장에서도 최대한의 영업성과 창출을 위해서 노력해야 한다.

10 업무분장을 잘 파악하고 지시하는 리더가 되자

> 리더의 잘못된 업무지시는 조직원의 사기를 저하시킨다.

영업을 하는 사무실을 보면 보통 직원 개개인에게 맡겨진 담당업무가 있다. 즉 직원별로 업무영역이 있다는 말이다. 직원별로 담당할 업무를 분장할 때 리더가 관여를 해서 직원개개인의 영업능력과 직급별로 담당자를 지정하는 것은 좀 더 효과적으로 영업목표를 달성하기 위함이다. 이렇게 담당자가 지정되어있으면 리더는 업무지시를 업무를 맡은 담당직원에게 하는 것이 일처리 하는데 가장 효과적이다.

그런데 가끔 만나본 리더 중에는 업무를 담당하는 직원을 믿지 못하여 업무에 대한 질의나 업무추진을 다른 직원에게 지시하는 경우를 많이 보게 되는데 이렇게 담당하지 않는 직원에게 지속적으로 묻고, 추진해야 할 업무처리를 지시하다보면 지시를 받은 비담당직원이나 업무지시를 받지 않은 담당직원 모두에게 불쾌한 상황을 만들어 주는 것이다. 비담당직원의 입장에서는 본인도 일이 많아서 힘든 상황인데 '왜 또 나에게 일을 주는 것인가? 그냥 내가 하지 말고 어차피 담당직원이 있으니까 담당직원에게 다시 말을 해서 보고하게 하면 되겠지.'라는 생각을 하면서 일을 포기하는 상황까지 나타나는 경우를 많이 볼 수 있었다. 또한 업무에 대한 과중과 불만이 쌓이다보니 비담당직원의 영업성과가 떨어지는 상황이 될 수 있다. 담당직원의 입장에서는 나를 못 믿어서 다른 직원을 시키는 것인가? 이런 마음도 있을 수 있고 '하기 싫은 업무였는데 잘되었네.' '이번 기회에 저 직원이 계속 담당하면 좋겠다.' 이런 마음도 생길 수 있다. 같이 근무한 리더는 모든 업무에 대한 지시를 일 잘하는 직원에게만 하였는데 업무에 대한 과부하가 생기고, 지시를 받지않은 담당직원이 업무 문의를 리더에게 하는 경우, 리더는 '지시한 일을 지시한 사람이 아니라 다른 직원이 다시 질문을 하는 것일까?'라며 고민하는 경우도 많이 볼 수 있었다. 그래서 리더는 업무 분장별로 담당자에게 업무지시를 하는 것이 필요하다.

또 한명이 리더는 업무시시를 할 때 그 사무실에서 일처리도 잘하고 성과도 잘하는 팀장에게 모든 실행이나 문의 등을 지시한 경우인데. 처음에는 그 일 잘하는 팀장이 "예예"하면서 리더의 지시사항을 다 처리했지만 날이 갈수록 스트레스를 받으면서 본인 업무도 신경을 덜 쓰게 되고 급기야 타인이 맡은 부분과 본인이 맡은 부분에서 모두 저조한 실적을 내었고 업무의 의욕마저 저하되어 영업점의 전체적인 성과가 저조한 경우도 볼 수 있었다. 리더의 잘못된 업무지시는 궁극적으로는 조직전체의 성과가 떨어지는 것이다. 그래서 리더의 역할이 중요하고 또 중요하다. 업무분장을 할 때도 신중하게 생각하여 직원의 적성과 성향에 맞는 업무를 분장하는 것이 필요하고, 업무지시를 할 때도 업무를 맡고 있는 담당자에게 지시를 하는 것이 매우 중요하다.

올바른 리더의 업무지시는 업무담당자가 책임감을 가지고 맡은 바 업무를 성실하게 수행하게 하는 가장 좋은 형태이기 때문이다. 가끔 보면 업무를 누가 담당하는지 담당하는 직원도 모르고 담당 팀장도 모르는 리더가 있다. 물론 디테일하게 모를 수는 있지만 큰 틀은 알고 있는 것이 중요하다.

▶ 리더가 되어보니 디테일하게 모든 직원의 담당업무를 파악하고 있는 것은 그렇게 쉬운 일이 아니다. 왜냐하면 사무실별로 담당하는 업무가 한두 개가 아니고 다양한 업무처리를 하고 있기 때문에 직원 한명 한명 담당업무는 모를 수도 있다. 이럴 때는 큰 틀에서 담당하는 팀장에게 지시를 하여 담당직원이 업무를 처리하게 하는 것도 한 방법이 될 수 있다. 그리고 내가 담당하는 업무가 아님에도 불구하고 리더의 업무지시가 있다면 불평을 하기 보단 내가 알고 있는 부분에서의 업무처리가 가능하다면 기쁘게 업무처리를 하자. 리더가 비업무담당자인 나에게 업무를 지시하는 것은 '나를 믿고 나를 신뢰하기 때문에 지시를 하는 것이구나.' 이런 좋은 생각이면 더 기쁘게 업무를 처리할 수 있다. 하지만 리더의 지시가 일회성이 아니라 지속적으로 내가 맡지 않은 부분의 업무지시일 경우에는 불만을 갖기보다는 업무담당팀장과 상의를 하거나 솔직하게 리더와 상의를 하는 것이 더 적절한 행동이다. 혹시라도 리더가 정말 업무담당자를 모르는 경우이거나 이 업무의 담당자를

착각하는 경우도 있을 수 있다. 어떠한 사항에 대해서 불평과 불만을 말하기보다는 해결할 수 있는 부분을 생각하는 것이 조직의 전체적인 성과창출을 위해서 직원들이 할 수 있는 일이다.

  리더였을 때를 생각해보면 어떤 사항에 대해서 지시를 하면 두 부류의 직원을 볼 수 있다. 한 부류는 리더의 지시에 대해서 직원 스스로 고민도 하며 좀 더 나은 방향의 업무처리와 함께 리더가 놓치고 있는 부분까지 알려줘서 무슨 일이든지 좋은 방향으로 처리되는 경우이다. 이런 직원에게는 리더로서 업무지시도 하지만 성과평가를 할 때 꼭 챙겨주게 된다. 다른 한 부류의 직원은 업무지시를 하면 딱 리더가 지시하는 그 한 부분만 처리하고 끝내는 직원이 있다. 당신이 만약 리더라면 어떤 직원에게 인사고과를 더 주겠는가? 리더의 업무지시도 중요하지만 업무지시를 실천하는 직원의 태도 역시 매우 중요하다.

11 나무를 보는 리더가 되자

> 리더는 큰 그림을 그리듯 숲 전체를 보면서 리드하는 것이 중요하다.

리더는 모름지기 크게 볼 줄 알아야 한다. 나무 전체를 봐야 나무가 크는지 아니면 나무 일부에 해충이 들어서 크지 못하는지 알 수 있지 않겠는가? 조직을 경영하다 보면 한 가지 실적만 해야 하는 것이 아니고 여러 가지 실적으로 성과를 올려야 한다. 여러 가지 실적이 되는, 모든 과목을 잘할 수 있는 영업여건이 되어서 모든 과목이 잘 되면 정말 좋겠지만, 영업을 추진하다보면 영업단위의 상황에 절대 좋은 실적의 마감을 할 수 없는 부분도 분명하게 있을 것이다. 이런 경우 당신이 리더라면 어떻게 하겠는가? 같이 근무하던 리더는 성적이 좋지 않은 과목(점수의 배점도 크지 않을 뿐더러 다른 부분에서 충분히 커버를 할 수 있음에도 불구하고), 즉 나무의 잎사귀만 보면서 실적이 좋지 않다고 동동거리는 것을 볼 수 있다. 영업점의 상황에 맞추어서 버려야하는 부분도 있을 수 있고, 조금만 더 힘을 모으면 한 부분에서 탁월한 실적을 내어 할 수 없던 부분의 점수까지 커버하면서 탁월한 실적을 거양할 수 있는 경우가 많다.

그럼에도 불구하고 할 수 없는 부분이 안 된다고, 즉 나무의 한 잎사귀가 시들어가고 있다고 동동거리는 리더를 보고 있는 사이 다른 부분들의 실적까지 뚝뚝 떨어지는 경우를 많이 볼 수 있다. 본부 상위기관에서조차 이번엔 이 부분에 더욱 신경을 써서 성과를 내야한다고 말을 하는 상황인데도 리더 혼자서만 일부지표의 실적으로 직원들의 사기를 떨어뜨리는 것이다. 전체를 볼 줄 모르는 리더는 오로지 본인이 생각하는 틀에서 벗어나려고 노력이나 생각을 하지 않고 큰 나무의 일부 나무 잎사귀만 바라보면서 직원들을 힘들게 한다. 이런 리더와 같이 근무하는 직원들은 스트레스를 받으면서 근무하고, 출근하는 것도 즐겁지 않다고 말하는 것을 많이 들을 수 있다.

한 조직의 리더라면 큰 나무를 보자. 큰 나무가 잘 성장할 수 있도록 신경을 쓰면서, 나무가 골고루 잘 성장을 하고 있는지 생각히고 리드하면서 큰 틀을 제시할 줄 알아야 한다. 그래야만 정상적인 나무가 될 수 있다. 내가 맡은 일만 처리하는 말단 직원도 아니고 전체를 이끌어 가는 리더는 바라보는 눈을 크게 키워야 조직이 발전하고 많은 성과를 낼 수 있다. 리더가 작은 잎사귀만 보는 사이 나무는 점점 말라간다. 나무를 잘 키우려면 리더는 커다란 목표에 관심을 갖고 직원 한명 한명이 자신의 업무에 최선을 다하고 있는지, 그리고 큰 비전을 리더 자신이 잘 제시를 하고 있는지 생각하면서 조직경영을 해야 한다. 나무를 조직과 직원으로 생각해본다면 금방 답이 나올 것이다.

　우리가 늘 많이 듣던 말 중에 하나인 "항상 전체 숲을 보라"는 말이 있지 아니한가? 필자는 단위조직을 하나의 나무라고 생각한다. 단위조직이 모여 있는 큰 조직을 전체 숲이라고 비유한다면 단위조직은 하나의 나무라고 볼 수 있다. 하나의 나무가 썩어버리면 숲이 예쁘지 않듯이 나무 잎사귀가 썩어나가면 나무가 예쁘지 않다. 하나의 나뭇잎이 썩어가고 있으면 과감하게 잘라버리고 다른 나뭇잎들이 더 잘 성장할 수 있도록 해야 한다. 나무의 모든 잎들이 예쁘게 잘 자라면 좋겠지만 가끔 불필요한 나뭇잎이 있으면 우리는 과감히 가지치기를 하는 것처럼 여러 가지 업무를 추진하면서 힘만 들고 도저히 조직의 여건상 할 수 없는 지표라면 과감히 버리고 할 수 있는 지표에 영업을 올인해야 좋은 마감을 할 수 있다. 이 모든 판단과 선택이 리더의 영업방향에 맞춰지는데 이 방향의 제시가 틀려지면 건강한 나무를 기대하기 어려워진다. 당신이 리더라면 어떻게 하겠는가? 한번쯤 생각해보면서 과연 우리 조직은 전체적인 나무를 보고 즉 방향성을 올바르게 제시하면서 전진하고 있는지 생각해 봐야하는 것도 리더의 몫인 것이다.

　▶ 여러 가지 과목에서 성과를 내야 할 때도 중요한 즉 배점이 큰 과목이 있고 배점이 미미한 과목도 있다. 같이 근무했던 최악의 리더는 영업현장의 여건은 전혀 듣지 않고 리더 본인이 생각하는 점수만 말하면서 아주 미미한 과목까지 다 점수를 올리라고 하던 리더였다. 영업의 전체적인 상황에서 점수가 미미한 과목에 집중하는 것은 큰 점수를 잃어버릴 수가 있어 전 직원이 리더에게 영

업여건상 이 점수는 버리고 점수가 큰 과목에서 좀 더 많은 성과를 내겠다고 여러 번 의견을 제시했지만 의견은 받아들여지지 않았고 같이 근무하던 직원들은 '직장을 그만 두었으면 좋겠다'라는, 아니 '직업의 선택을 잘못한 것 아닐까'하는 최악의 생각까지 했던 힘든 시간이 기억에 난다. 리더라면 선택과 집중을 잘해야만 최고의 성과창출이 가능함을 다시 한번 느낄 수 있었던 시간이었다. 작은 나뭇잎을 보면서 하루하루 희비를 느끼고 표현하는 리더가 아니라 전체적인 숲을 가꿀 수 있는 그런 리더가 되도록 노력하자. 다양한 영업여건을 현실과 다양한 사고의 직원들과 하나가 되어서 좋은 성과를 창출하는 것이 리더의 몫이다.

　가끔은 리더도 착각에 빠져서 잘못된 선택을 할 수 있다. 이런 상황에서 직원들이 충언을 한다면 리더는 생각을 변경할 수 있는 것도 리더의 몫이다. 가끔 우리 리더들은 어떠한 업무에 대해서 지시를 하고 일정기간이 지났을 때 '어머나 이 길이 틀린 길인가 봐'라는 생각에 부딪혀도 궤도를 변경하는 것을 두려워하는 경향이 있다. 리더가 볼 때도 잘못된 판단이라고 생각이 된다면 과감하게 방향을 변경하는 것도 리더의 덕목이지만 우리주변에서는 잘못을 인정하고 직원들의 충언을 듣고 변경할 줄 아는 리더는 별로 없는 것이 현실이다. 리더도 사람이기에 잘못된 선택도 할 수 있다. 잘못된 선택이었다는 것을 알았을 때는 과감하게 변경할 줄 아는 것도 리더의 덕목이다.

12 직원의 말에 경청하는 리더가 되자

> 직원의 말에 대한 경청은 좋은 성과를 내는 지름길이다.

필자가 직장 생활할 때 병원에 가야하는데 남은 휴가가 없어서 안식년 휴가를 썼을 때의 일이다. 3일 전 회의시간에 휴가를 쓰겠다고 리더에게 먼저 보고를 했고 저녁에 전산으로 휴가원을 등록했다. 이틀 후의 휴가지만 이미 휴가 보고는 끝난 상태였고 그날 오후에 다시 한번 보고를 하려고 했으나 리더가 퇴근을 서두르고 있어서 안식년 휴가를 쓴 사유에 대해서는 보고를 못했기에 '익일 아침에 다시 한번 보고를 해야겠다.'라고 마음을 먹고 퇴근을 하였다.

다음날 아침은 사무실 창립기념행사도 있었고 또한 필자의 30면 직장생활 기념으로 사은품도 받는 날이었을 뿐만 아니라 본부에서 어떤 평가 항목에 대한 조사발표를 한 날이었다. 그런데 불행하게도 필자가 속한 영업점의 실적이 저조하게 발표가 되어 직원 모두 우울하고 리더에게 미안한 마음을 가지고 창립행사를 마친 시간이었다. 리더는 전 직원이 모여 있는 창립행사에 대한 축하의 언급도 전혀 없이 오로지 저조하게 발표된 실적에 대한 심한 질책 후 본인자리로 돌아갔으며, 그 모습을 본 직원들은 더욱 불안한 마음을 지니고 업무를 시작한 날이었다. 필자 역시 무거운 마음을 지니고 자리에 앉았는데 전화벨이 울리면서 "잠깐 들어와 봐"라는 리더의 호출에 리더에게 갔더니 다짜고짜 실적이 저조한 것에 대한 심한 질책과 더불어 안식년 휴가를 쓴 것에 대해서 심하게 꾸중을 하는 것이었다. 아무런 말도 하지 않고 그저 듣기만 하고 나왔지만 마음이 심하게 다쳐서 아무런 일도 손에 잡히지 않는 그런 날이 되고 말았다. 이것은 저조한 실적발표에 대한 리더의 화풀이라는 생각밖에 들지 않았다.

전 직원이 좀 더 잘했으면 좋았겠지만 조금 미달해서 저조하게 실적이 나왔으면 이미 지나간 일에 대한 심한 실책보다는 앞으로 잘해보자는 격려가 직원들에게 힘이 되었을 상황이었고, 이미 3일 전에 보고한 사항이었는데 휴가를 왜 지금 쓰냐고 화를 낸 것은 리더의 화풀이라는 생각이 들 수밖에 없었다. 아무리 화가 난다 하더라도 3일 전에 보고한 건에 대해서 모른다는 태도로 직원에게 화를 내는 것도 이해하기 힘들었다. 저조한 실적발표로 리더가 화가 날수도 있지만 리더 자신이 화가 났다고 전혀 관련성이 없는 일로 트집을 잡아서 직원에게 화풀이를 하는 것은 리더의 태도가 아니다. 그것은 직원의 말에 경청하지 않았기 때문에 이미 보고된 휴가를 잊어버리고 화를 내었고, 리더는 그저 한번 화를 낸 것으로 생각할 수 있지만 그 상대방인 직원의 입장을 생각하지 못하는 리더가 된 것이다.

　직원의 모든 상황을 모두 이해하고 모두 배려할 수는 없지만 일어난 상황에 대한 이해와 따뜻한 말 한마디는 직원으로 하여금 크나큰 배려가 된다. 직원을 이해하는 것은 어렵지 않다. 직원이 어떤 행동을 했을 때 그 행동을 하게 된 원인을 물어보고 직원의 입장에서 생각을 해보고 그 안에서 답을 찾으면 되는 것이다. 만약 그때 리더가 화를 내지 않고 아니 화를 냈더라도 혹시 무슨 일이 있어서 휴가를 써야하는지 이유라도 물어봤더라면 오히려 필자는 미안한 마음으로 대답을 하고 어쩔 수 없이 휴가를 썼을 것이고 휴가를 다녀와서 더욱더 충실한 직원이 되어서 근무를 할 수 있었을 것이다. 하지만 리더의 그런 태도는 리더에 대한 신뢰를 갖기 어려운 행동으로 기억되고 있다. 리더는 직원의 입장을 배려하자. 입장을 배려하려면 직원들의 말에 경청을 해야 배려를 할 수 있다. 직원을 배려할수록 직원들의 조직에 대한 몰입도도 높아지고 충성심도 더욱 높아진다. 리더인 내 입장을 생각하기 전에 먼저 직원의 입장을 생각하고 배려할 수 있는 범위에서 배려하도록 노력하는 리더가 되자.

　또 한번의 사례 역시 리더가 경청을 하지 않아서 생긴 잘못된 사례이다. 필자가 맡은 영업점의 상황이 주변 재개발로 공동화 현상이 나타나고 있어서 그런 상황을 연초부터 보고를 하고 어려움을 호소한 경우가 있었는데, 10월이 된 어느 날 리더가 하는말 중에 "당신 영업점 주변이 재개발하더라."라는 것이었다. 이 얼마나 황당한 리더의 말인가? 1년 정도를 목이 터져라 외치고 보고했는데 전혀 상대방의 말에 귀를 기울이지 않았던 것이었다.

요즘은 어느 곳에나 리더는 있지만 진정한 리더를 찾아보는 건 쉽지 않다. 그렇다면 진정한 리더란 어떻게 말할 수 있을까? 직원들에게 명령만 하는 리더가 아니라 직원과 화합을 이루면서 같은 목표를 향해서 같이 걸어가는 리더라고 말할 수 있다. 리더 본인에 대한 입장만 직원에게 강요하는 것이 아니라 직원의 의견을 먼저 경청하고 본인의 생각과 다른 부분이 있으면 같은 방향의 길을 찾아주는 리더가 더 필요한 현실이다.

예전처럼 리더의 독재적인 명령보다는 직원들의 의견을 구하고 직원들과 함께 발돋움을 할 수 있는 리더를 진정한 리더라고 말할 수 있다. 무슨 일에 앞서 이론적인 부분만을 그리고 리더의 입장만을 고려하기보다는 직원의 입장에서 실행이 가능한지 실행에 어려움은 없는지가 먼저 고려되는 것이 진정한 리더인 것이며, 이런 상황은 직원의 말을 경청하는 작은 실천으로 이루어질 수 있다.

▶ 대부분의 리더는 직원의 말을 경청하기보다는 리더 본인의 말을 전달하기에 마음이 급하다. 그렇기에 회사에는 사용되는 소통이란 단어가 불통이란 단어로 바뀌어 인식되는 경우가 대부분이다. 직원의 말을 경청하기보다는 리더의 생각을 전달하는 방식으로는 직원과 화합된 마음으로 좋은 성과가 날 수 없다. 필자가 겪은 최악의 리더는 몇 번이나 영업점의 어려움을 전달했으나 전혀 바뀌는 행동도 없고 전혀 배려가 되지 않았던 리더였는데 나중에는 리더에게 뭔가 말하는 것조차도 시간낭비라는 생각이 들었던 기억이다. 요즘말로 한다면 '한마디로 쌩깐다.'는 표현이 맞을 것 같다.

리더가 직원의 말에 경청을 하지 않는 것이 여러 번이 되어버리면 직원은 더 이상 그 어떤 말도 리더에게 하지 않게 된다. 직원들의 생각을 알 수가 없으면 더 현명한 영업활동도 어려워지고 리더의 고립만 더 커져서 조직을 리드하기가 어려워진다. 직원의 말을 경청하는 리더가 되도록 노력하자.

13 직원의 장점을 바라보자

> 리더는 직원의 장점을 찾아서 계발시키는 것도 중요하다.

보통 사람들은 다른 사람의 장점보다는 단점을 먼저 보게 된다. 그리고 상대방의 좋은 점은 말하지 않고 나쁜 점에 집중하면서 다른 사람의 욕을 하는 경우가 많다. 요즘 뉴스를 봐도 선행을 하는 사람들의 이야기보다는 선행하지 않는 사람들의 이야기를 더 많이 들을 수 있다. 직장생활에서도 보통의 리더들은 단점 뒤에 숨어 있는, 아니 그 직원만이 가지고 있는 장점을 찾기보다는 단점만을 커다랗게 바라보고 인지하여 늘 그 직원이 못마땅하고 하는 일도 맘에 들지 않게 생각하는 경우가 종종 있다. 물론 직원 성향에 따라서 아무리 장점을 찾아서 발굴해 주려고 해도 마음자체가 삐딱해서 고칠 수 없는 직원도 있지만, 대부분의 직원은 장점을 찾아서 장점을 부각 시켜주면 지난 시간보다도 더 발전하는 경우가 많이 있다.

예전에 한 영업점에 교육을 실시할 때의 일이다. 일을 잘하는 직원임에도 불구하고 인상을 쓰면서 영업을 하다보니 리더는 '저 직원은 원래 인상을 쓰면서 영업을 하는 직원이야. 그리고 별 실적도 없어'라고 생각하며 평소 미워하는 마음을 갖고 있었다. 그런데 필자가 교육을 진행하면서 그 직원을 바라보니 가끔씩 웃는 그 직원의 얼굴에서 환한 미소를 볼 수 있었고 그 미소가 영업을 하는데 굉장히 큰 장점이 될 수 있다는 것을 알 수 있었다. 교육 중에 그 부분을 전 직원 앞에서 언급을 하고 그 직원에게 다시 한번 말을 했더니 그 직원 표정이 환해지는 것을 느낄 수 있었다. 그 다음날부터 그 직원은 영업실적도 많이 올리면서, 인상을 찡그리는 시간보다 밝은 표정으로 웃는 시간이 훨씬 많아진 것을 볼 수 있었다.

매일 보는 직원이라서 단점이 더 크게 보일 수 있고 리더가 겪어보기도 전에 그 직원에 대한 나쁜 평판을 먼저 들어서 선입견이 생길 수는 있겠지만 리더라면 항상 직원의 장점을 찾아서 계발시켜주는 것이 의무라고 생각한다. 물론 이 부분도 앞에서 언급한 것처럼 직원의 마음이 열려있어 받아들여주지 않으면 상황이 바뀌는 것은 어렵다. 직장생활을 하다보면 가치관이 다른 사람들이 모여 있기 때문에 리더의 따뜻한 마음을 받아주는 직원도 있지만, 본인의 고집이 세고 다른 사람의 말을 받아들이지 못하는 직원이라면 성향이 바뀌는 것을 기대하기는 어렵다. 예전에 같이 근무한 직원 중에 아집과 고집이 세고 실적에 대한 굴곡이 심한 직원이 있었는데 이 직원은 다른 직원들과 화합도 어려웠으며, 장점을 찾아서 말을 해주어도 전혀 변하지 않는 직원이었다. 결국에 그 직원은 승진할 수 있는 절호의 기회가 눈앞에 왔는데도 불구하고 본인의 고집과 욱하는 성질 때문에 승진을 못한 것을 볼 수가 있었다. 직장생활에서 리더가 진정한 마음으로 직원의 장점을 찾아줄 때는 그것을 받아 들여 변화할 수 있는 직원이 되는 것도 중요하다.

부모가 자녀의 장점을 찾아서 계발시켜주듯이 사회에서는 리더가 그 부분을 담당하여 직원의 장점을 발견하고 말해줌으로써 조직의 발전에 기여할 수 있고 조직이 더욱 발전하기 위해서는 리더의 진심어린 충고를 받아들여 좋은 쪽으로의 변화는 직원의 몫이 된다. 그럼에도 불구하고 리더는 늘 직원들의 장점을 찾으려고 노력하고 찾은 직원의 장점은 영업의 강점으로 만들 수 있도록 코칭하는 것이 중요하다. 아무리 일을 못하는 직원이라도 한가지의 장점은 가지고 있다. 단지 그것이 장점인지 본인도 모르고 리더도 모르게 지나버려서 아까운 인재를 놓치는 경우가 많다. 그런 일은 개인에게도 조직에게도 안타까운 일이기에 리더의 편견없는 사고가 더 중요하다.

▶ 필자 역시 사람이기에 좋은 사람도 싫은 사람도 있다. 좋은 감정의 상대방을 만나면 좋은 관계로 이어졌고 그 상대방이 필자의 상사였던 경우에는 그 상사가 퇴직한 후에도 한참동안 연락을 하며 상사였던 분의 장점을 오랜 시간 생각하고 같이 근무하는 직원들에게 그 상사의 장점을 말해주면서 늘 그리워했다. 하지만 한번은 너무도 감정이 좋지 않았던 상사와 같이 근무했는데 아무리 눈을 씻고 찾아봐도 장점을 찾을 수 없었던 상사도 있었다. 감정이 안 좋았던 그 상사도 장점은 있었을 텐데 같이 근무할 때도 찾지 못했고 서로 근무지가 바뀌어서 안 봤던 기간에 다시 한번 생

각해봐도 장점을 찾을 수 없었던 기억이다. 이런 상황은 그 상사와의 관계가 안 좋아서 그랬던 것이 아니었나 하는 생각이다. 장점을 찾지 못하고 늘 단점만 보다보니 필자 스스로 힘들게 생활했던 시간이었다. 사람이 싫어지면 그 사람의 장점이 보이지 않는 것은 감정에 휘둘리는 어쩔 수 없는 인간이기 때문일 것이다. 그리고 리더라면 소문만으로 직원에 대한 선입견을 갖는 것을 경계하는 것이 중요하다.

필자는 영업장을 이동하는 경우 옛 리더로부터 직원들의 평판을 듣는 것을 경계했다. 왜냐하면 아무리 공정성을 지니고 직원을 바라보려고 해도 전에 있던 리더가 안 좋게 말한 직원은 다시 한번 보게 되는 경우가 있었기에 직원에 대한 평판을 듣는 것보다는 필자가 직원과 함께 겪으면서 직원에 대한 판단을 하는 것이 더 올바른 판단이었던 경우가 많았기 때문이다. 소문에 의해서 사람을 판단하는 것은 리더이거나 직원이거나 모두 경계해야한다.

14 평소에 열심인 직원의 사기를 격려하자

> 어쩌다 실적을 내는 직원보다는 평소에 열심인 직원을 격려하자.

모두 알고 있는 말이지만 리더의 말 한마디가 직원의 사기를 증대시키기도 직원의 사기를 꺾기도 한다. 직장에서 일하는 직원들은 꾸준히 열심히 하는 직원들이 있는 반면, 눈치를 보면서 빈둥거리기만 하다가 이벤트성으로 가끔 한번씩 성과를 내는 식원도 있다. 이런 상황에서 리더는 '어떤말을 해야 양쪽 직원 모두에게 격려가 될 수 있을까?'를 생각해서 말하는 것이 중요하다. "이쁜 직원은 뭘 해도 이쁘다."는 말이 있지만 리더가 직원들 앞에서 굳이 말로 "난 저 직원을 이뻐해"라고 표시를 함으로써 남은 다른 직원들의 사기를 꺾을 필요는 없다. 평상시에 꾸준히 열심히 해준 직원 덕분에 영업 성적이 좋다는 것을 먼저 인정해주고, 리더 본인이 이뻐하는 직원을 치켜세워주는 것이라면 불만은 없겠지만, 매번 열심히 일하는 직원들의 노고는 뒤로 한 채 어쩌다 한번 실적을 내는 직원만을 칭찬하는 것은 조심해야 할 일이다. 남은 직원들 즉 늘 열심히 일하는 직원들의 사기가 많이 꺾이기 때문이다. 같이 근무한 리더 중에 위와 같은 리더가 있었다.

오래전 근무할 때 두 명의 직원이 경쟁적으로 실적을 잘했는데 한 직원은 매번 끊임없이 상품을 권유하고 실적을 올리는 반면, 다른 직원은 본인 마음 내킬 때만 권유를 해서 성과를 올리는 직원이 있었다. 중간관리자였던 필자는 두 직원의 성향을 너무도 잘 알았기에 그에 따른 성적을 줄 수 있었지만, 리더는 이상하게도 어쩌다 실적을 내는 직원을 예뻐하고 본인이 예뻐하는 직원에게는 다른 직원들이 보기 힘들만큼 따뜻하게 대했으며, 리더 스스로 다른 모임에서 그 직원이 예쁘다는 말을 공공연하게 하기도 했다. 그러다 보니 사무실 분위기는 엉망이 되었고 일을 열심히 하던 직원들이 필자에게 일하는 것이 싫어질뿐더러 출근하는 것조차 싫어진다고 말을 하는 것을 들을 수 있었다.

리더는 전체적인 파악이 중요하듯이 늘 직원들을 관찰함으로써 칭찬해줄 부분은 차별없이 칭찬해주는 것이 중요하다. 특히 공과 사를 구별하라는 말이 있듯이 개인적으로 이쁜 직원도 있겠지만, 전체적인 분위기를 헤치지 않는 범위에서 칭찬도 챙겨주는 것이 필요하다. 직원들과 협업하면서 성과나 마감을 내는 것보다는 본인에게 이익이 되는 성과만 하는 직원도 가끔 보았다. 리더는 전체적인 분위기를 읽을 줄 알고 행동하는 것이 중요하다.

리더는 평소에 열심히 하는 직원을 격려하고 칭찬하는 것이 정말 중요하다. 그것은 고래를 춤추게 하는 칭찬의 효과가 나타나서 더욱 좋은 성과로 리더에게 보답할 것이다.

▶ 리더가 평소에 진심으로 직원들을 챙겨주는 리더라면 우리 직원들은 정말 열심히 성과를 내는 것이 리더의 사랑에 대해 보답이라고 생각한다. 리더가 큰소리치지 않는다고, 늘 직원들에게 잘해준다고 생각하면서 편안한 마음으로 직장생활을 하는 직원도 간혹 있는데 리더의 마음이 얼마나 불편하겠는가?

리더가 직원들에게 잘하는지 못하는지는 직원들이 더 잘 알 것이다. 리더가 직원들에게 잘 한다는 것을 안다면 편하게만 생각하지 말고 최선의 성과로 보답하자. 가끔 직원들을 보면 인간적으로 대하는 리더와 근무할 때는 스스로 업무추진도, 성과도 애써서 하려고 하지 않는 직원들을 볼 수 있었고, 인간적이지 않고 리더 기분에 따라 화를 내는 리더와 함께 근무할 때 성과를 내는 직원들을 보면 마음이 무척이나 안타까웠다. 우리는 성인이지 아니한가? 평소에 직원을 사랑하는 리더인지 아니면 직원을 성과의 도구로만 생각하는 리더인지 우리 직원들이 더 잘 알고 있지 아니한가? 직원을 생각하는 리더와 함께 근무할 때는 감사하는 마음으로 최선의 성과를 내는 직원이 되도록 노력하는 것이 오랫동안 기억에 남는 직원이 될 것이다.

15 변화에 적응하는 리더가 되자

> 라떼를 찾는 리더는 변화할 수 없다. 시대에 맞게 변하는 리더가 되자.

　오래전에는 업무가 끝나면 마감시간에 옆 직원과 수다를 떨면서 간식도 시켜먹는 시간이 즐거움이었다. 하지만 지금은 주 52시간 근무로 시대가 변해서 마감 후 사무실에 앉아있을 수도 없고, 수다를 떨면서 사무실에 잔류하기보다는 각자의 약속과 각자의 시간을 소중하게 생각한다. 즉 퇴근 후에 자기계발, 휴식, 친구 만나기 등등 예전의 마감시간이 아닌 빠른 마감을 요하는 현재의 마감시간으로 변했다. 그럼에도 불구하고 현재의 시대변화에 적응하지 못하고 말일이면 무조건 야식을 시키고 안 먹으면 안 먹는다고 하고, 또 부하직원들의 시간과 약속은 뒤로하고 무작정 호프집으로 번개를 추진하고 나서, 번개모임에 참석하지 못하는 부하직원을 나무라는 리더를 우리는 종종 볼 수 있다. 이것은 시대의 변화에 적응하지 못하는 리더 본인의 생각과 행동이다. 말로는 시대의 흐름에 따라야 한다고, 디지털시대에 맞춰서 변해야 한다고 떠들면서 정작 리더 본인이 과거의 시간에 갇혀서 변하고 싶은 생각도 없을뿐더러 변할 생각도 안하는 것이다.

특히 일부 나이든 리더들은 더욱더 퇴근하는 것을 싫어하고 직원들과 저녁과 술을 먹고자 하는 경우를 많이 볼 수 있다. 이러한 태도는 사무실에서 직원들을 괴롭히면서 왕노릇하고 싶어 하는 리더인 경우가 많다. 필자도 직장생활을 하면서 말일이면 야식도 먹으면서 천천히 업무를 마감한 때도 있었지만 어느 순간부터는 전산화로 인하여 말일이라고 늦게 끝나는 일이 없어지다 보니 말일이라도 약속도 하고 퇴근 후 쉬거나 필자의 취미생활을 하는 것을 더 소중하게 생각하게 되었는데, 같이 일하던 리더는 직원의 의사와는 전혀 상관없이 말일이면 어떻게든 집에 안 가려고 야식을 시키는 것이었다. 어느 날은 야식을 시켰는데 대부분의 직원들이 약속이 있다면서 아까운 야식을 모두 남기는 경우도 발생하게 되었다. 이런 안타까운 상황은 리더가 시대의 변화에 적응하지 않고 지난날에 했던 행동만 생각해서 발생하게 되는 사례이다.

시대의 변화에 따라서 직원들의 성향이 변하는 것도 리더는 빠른 판단과 아집없는 사고로 적응하는 것이 필요하다. 대부분의 직원들은 사무실에 남아서 저녁을 먹는 시간보다 각자의 정해진 시간을 지키는 것을 더 소중하게 생각한다. 일이 있어서 야식을 시켜먹는 것은 얼마든지 있을 수 있지만 "과거에 했던 일이니까" 그저 리더 본인이 좋아서 그런 행동은 하지 말자. 말로만 변화에 적응하자고 외치는 기업과 리더가 우리주변에는 너무도 많다. 하지만 직원들이 진정으로 원하는 것은 말로만 외치는 것이 아닌 행동이 변화하는 진짜 변화를 원한다.

  리더본인은 변하지 않으면서 아니 변하고 싶은 생각조차 갖고 있지 않으면서 직원들에게만 변화를 요구하는 것 역시 리더의 마음가짐이 아니다.

▶ 시대에 맞게 변해야 하는 것이 우리주변에는 너무도 많이 있다. 예전에는 맞는 일이였지만 현재는 안 맞는 일도 많이 있다. 틀에 박힌 행동과 생각은 과감하게 버리고 새로운 시대의 방향에 맞춰서 나를 변화시키는 것이 무척이나 중요한 시점이다. 요즘 신입사원을 대하면서 예전에 리더 자신이 겪었던 일을 강요하는 리더도 많이 볼 수 있는데 그런 리더의 행동은 신입사원들에게 생소할 뿐더러 조직에 불만이 쌓이는 요소가 될 수도 있다.

  시대가 변하면서 사람들의 생각과 태도는 변화하고 있는데 리더가 변하지 않으면 조직이 어떻게 변화겠는가? 가끔은 필자도 예전에 하던 방식이 더 편할 때가 있어서 예전방식으로 일처리를 할 때가 있다. 하지만 자꾸 예전방식을 고집하고 사용하면 발전이 없을 것 같아서 새로운 시도를 의도적으로 해서 변하려고 생각하고 노력을 많이 했다. 익숙함을 버리고 새로운 것을 실천하는 것이 말처럼 그렇게 쉬운 일은 아니지만 그래도 변해야 한다는 생각에 실천할 수 있었다. 하지만 우리 주변을 살펴보면 정말 변하지 않는 리더들이 많이 있다. 옛날 사고방식과 행동을 부하직원에게 강요하기도 하면서 '라떼'를 찾는 리더가 많은 것이다.

  리더가 변하지 않는 조직은 더 발전할 수가 없다. 젊은 직원들이 무엇을 원하는지 생각해보고 옛날의 나를 버리고 젊은 직원과 함께 화합할 수 있는 리더가 절실히 필요한 시점이다. 특히 요즘 젊은 직원들은 합리적인 행동이라고 생각되면 과감하게 리더에게 건의도 하는 경우가 많은데 이런 경우 합리적인 리더의 사고를 지니고 직원의 건의가 합리적이라면 받아줄 수 있는 리더가 되자. '신입직원이 뭔 말이 그렇게 많아? 시키면 시키는 대로 하는 거지' 아직도 이런 생각을 지니고 고집불통인 리더는 조직을 더 이상 발전시킬 수 없다. 이제는 리더의 아집을 버리고 열린마음으로 합리적인 의견을 받아들이는 리더가 되자.

16 리더도 말을 할 때는 준비가 필요하다

> 직원들은 리더의 단어에 매우 민감하다.

리더라고 아무 때나 아무 준비없이 직원들 앞에서 두서없이 말을 하는 것은 삼가해야한다. 생각없이 말을 하게 되면 상황판단없이 본인의 주관만을 가지고 현실과 동떨어진 말을 하게 된다. 하고 싶은 말, 꼭 해야 할 말이 있으면 정확한 현실파악을 토대로 준비해서 말을 해야 한다. 현실과 동떨어진 말로 인하여 직원들은 상처받고 직원들의 사기 역시 저하되는 일이 우리 주변에서는 빈번하게 일어나고 있다. 내뱉은 말은 주어 담을 수가 없다. 리더 본인이 이미 한 발언이 잘못되었다는 것을 뒤늦게 알았더라도 리더는 번복하기가 어려워지는 이유이다. 그러기에 리더는 준비하고 또 준비해서 말을 해야 한다.

리더의 말에 영업성과가 날수도 있고 안 날수도 있다는 사실을 항상 명심하고 준비하자. 리더라고 멋지게 말을 할 필요는 없다.

진심이 담긴 말, 배려가 담긴 리더의 말을 들음으로써 직원들이 동기부여를 받아서 더 열심히 업무를 하고 더 많은 성과가 날수 있음을 기억하자. 그리고 현실과 너무 동떨어진 말은 하지 말자. 모든 직원이 '저건 아닌데' 이런 생각을 하게 되는 말을 아무렇지 않게 던지면서 직원들의 사기 역시 저하되게 하는 리더의 말이 많은 것이 현실이다.

리더가 말을 하기 위해서 밤새 준비할 필요는 없다. 잠깐의 시간이면 된다. 직원을 배려하는 따뜻한 말은 평소의 생각으로 볼 수 있기 때문에 순간 순간 리더의 말이 진심이라고 받아들여져서 직원 모두가 경청하는 말을 하는 리더가 되자. 그러기에는 아무 준비 없이 말을 하기보다는 잠깐의 시간이라도 할 말을 준비하고 말을 하자. 그대는 리더이기 때문이다.

회의를 주관할 때도 리더는 준비가 필요하다. 필자가 겪은 리더 중의 최악의 리더는 매주 회의를 하면서 매주 똑같은 말을 했던 리더로 기억된다. 실적리뷰를 하면서 잘한 것에 대한 칭찬은 할 줄 모르고 점수가 오르지 않는 항목만 가지고 매주 똑같은 말을 6개월 정도 들었더니 회의하는 날은 아침출근부터 하기 싫어지고 회의가 끝나고 나면 '열심히 해야겠구나.'라는 생각이 아니라 그냥 모든 것을 포기하고 싶은 생각으로 직장생활에 대한회의감이 많았던 시간으로 기억된다. 그렇게 힘들게 회의를 주관했던 리더는 회의자료에 대한 어떤 준비도 하지 않았고 보여지는 수치만으로 직원들에게 스트레스를 주었기에 두 번 다시 하고 싶지 않은 회의시간이었다. 이런 일들은 리더가 직원들에게 무슨 말을 할지 생각하지 않고 두서없이 회의를 진행하다보니 발생했던 일이다. 리더는 회의를 주관하거나 직원들에게 말을 전달할 때는 준비를 하는 것이 매우 중요하다. 회의를 하거나 말을 전달함으로써 직장분위기를 저하시키고 싶은 리더는 우리 주변에 없을 것이다. 좀 더 성과를 높이고 좀 더 활기찬 분위기의 직장을 만들기 위해서 하는 리더의 말과 행동이라면 리더의 준비가 꼭 필요하다.

▶ 리더는 아무런 의미없이 한말이라고 하지만 그말 한마디가 직원의 마음에 송곳같은 흉기가 되어 직원을 다치게 할 수 있다는 것을 잊지 말아야 한다. 같이 근무했던 리더 중에는 농담을 하더라도 본인이 고과권자라는 것을 은연중에 포함해서 했던 리더가 있었다. 리더 본인이 고과권자이니까 직원인 너희들이 리더 본인에게 잘 해야 한다는 것을 말할 때마다 했다. 예를 들면 회의발표 순서를 정하는 과정에서 직원들끼리의 소통으로 발표순서를 정해서 리더에게 주었더니 리더가 하는 말이 "이 순서가 내가 고과를 주어야 하는 순서인가?"하는 것이었다. 리더 본인은 농담으로 했다고 말했지만 이 말을 듣는 직원들은 과연 이 말을 리더의 순수한 농담으로 받아들이지 않는다. 왜냐하면 발표순서가 누가 봐도 리더 본인과 친한 직원이 앞쪽에 있는 상황에서 한 리더의 발언이었기 때문에 리더의 농담이 순수하다고 생각하는 직원은 없었다. 이처럼 리더의 준비없는 말은 직원에게 커다란 상처를 남길 수 있음을 명심하자. 그러기에 리더는 평소의 말과 행동이 중요하고 조심하는 것이 매우 중요하다.

17 회의시간에는 경청하는 리더가 되자

> 리더는 본인의 말만 하지 말고 직원들의 의견에 귀를 기울이자.

　어느 조직이나 직원회의가 있다. 그 참석인원이 많을 수도, 적을 수도 있고 회의하는 사람들의 직급이 높을 수도 낮을 수도 있다. 회의장소에는 리더도 있고 부하직원도 있을 것이다. 몇 명이서 회의를 하든지 리더는 직원들의 의견을 들어주자. 오래전부터 직원회의를 할 때마다 느끼는 점이지만 평소에는 상대방의 말을 잘 듣는 사람이 되자고, 늘 경청하는 사람이 되자고 외치던 리더도 회의만하면 직원의 말을 듣는 것이 아니라 리더 본인의 말만 많아지는 것은 왜일까? 말만 회의라는 이름이지, 리더의 일방적인 지시가 대부분인 것을 볼 수 있다.

　지금까지 직장에서 회의를 할 때 본 두 부류의 리더가 있었는데, 첫 번째 리더는 직원들의 의견을 잘 듣고 거기에 대해서 직원의 생각도 물어보면서 어떻게 실행을 해야 할지 또는 어떻게 지원이 되었을 때 영업실적이 더 잘 될 수 있는지를 리더 본인의 의견도 말하면서 좀 더 발전적인 발언들로 의견을 모아서 영업에 도움을 주는 리더가 있는 반면, 직원들이 의견을 내면 직원들의 이야기는 절대 듣지 않고 본인의 말만 하는 리더가 있다. 어떤 질문이나 의견이 나오면 바로 직원의 말을 중단시키고 본인이 "예전에 이렇게 진행해서 이런 결과가 있었다."로 시작하여 모든 것을 다 안다는 식으로 직원의 의견은 틀리고 본인의 의견만이 맞다고 하면서 "예전에 하던 대로 하면 된다." 이렇게 말을 하는 최악의 리더이다. 본인이 무슨 소설 속의 영웅처럼 계속 본인말만 하던 리더였다.

 필자가 겪은 최악의 두 번째 리더는 "본인은 신이다. 신이기 때문에 모든 것을 알고 있고 모든 것은 다 본인이 생각하는 대로 된다."고 말하던 리더였다. 월요일마다 회의를 하는데 매주 똑같은 말을 하고, 업무처리의 어려운 점을 이야기하면 "어렵다는 말은 하지마라. 그런 말은 본인이 들을 필요도 없다." 라고 하면서 계속 똑같은 말만 하는 리더였는데 지금도 그때의 직장생활이 힘들었다는 생각이다. 처음에는 의견도 내면서 좀 더 좋은 방향, 좀 더 건설적인 방향 등을 말해보았지만 되돌아오는 것은 핀잔뿐이고 리더 본인의 과거 경험담 뿐이었다. 위와 같은 상황이 계속되고 일정시점이 지나면서 더 이상 그 리더에게는 의견제시를 한 적이 없다.

 우리는 본인의 일방적인 전달을 직원 상하 간의 소통이라고 생각하는 리더를 많이 볼 수 있는데 양방향의 소통이 아니고 일방적인 불통이다. 직원들도 리더가 무엇인가를 지시하면 틀린 의견이 확실해도 말이 통하지 않으니 그냥 대답만 하고 의미없는 추진을 하는 경우가 많은데 이럴 경우 더 이상의 진전이 없거나 발전이 없는 것을 리더 자신이 오랜시간 경과 후 후회하는 것을 여러 번 볼 수 있었다.

본인의 말만하는 리더의 특징은 직원이 하는 말을 무시하는 동시에 리더 본인과 다른 생각의 의견을 내는 경우에는 갑자기 화를 내면서 직원으로 하여금 더 이상의 말을 못하게 하는 리더이다. 그리고 끝없이 본인의 과거 요즘말로 "라떼는 말이야"를 반복한다. 이런 리더와 회의를 하는 경우에 직원은 더좋은 의견, 더 건설적인 의견은 본인의 맘속으로만 생각하게 되고 절대 의견으로 내지 않는다. 그냥 리더의 말을 듣기만 한다. 이런 상황을 좀 더 빨리 알아서 변하는 리더도 있었지만 그것은 극히 드문 일이었고 나이든 사람이 바뀐다는 것은 거의 불가능에 가까운 일이다. 결국에는 직원회의가 아닌 리더 혼자 떠드는 정말 발전없는 회의가 되는 것이다. 말을 하고 싶더라도 직원의 의견을 들어주고 리더 본인의 생각보다 더 좋은 의견이면 받아들이고 설사 경험상 보았을 때 나쁜 의견이라 하더라도 먼저 경청하고 좀 더 나은 의견을 제시하는 리더가 되자.

▶ 사실 경청한다는 것이 말처럼 쉬운 일은 아니다. 필자도 매일아침 출근할 때마다 '오늘은 누가 말을 하더라도 끝까지 들어주자.' 이렇게 생각하고 출근을 하지만 사람들과 대화를 해보면 또 중간에 말을 가로막거나 중간에 내 의견을 말하는 경우가 많이 있다. 하루를 마감하는 저녁에 조용하게 생각해보면 '아 오늘도 경청을 잘 못했구나' '아까 그 직원하고 말을 할 때는 좀 더 들어줬어야 했는데'라는 후회스런 시간들이 많이 생각난다.

나이가 들어 갈수록 상대방의 말을 들어주는 것이 좋다는 것을 알면서도 본인의 말을 더하는 것은 변화하는 것을 받아들이기 보다는 과거의 생각에 머물러 있기 때문이다. 그래서 나이가 들수록 고집이 더 세지고 경청보다는 말을 더 하기 때문에 주변에서 싸움도 많고 더 이상 발전도 없어지는 것을 알 수 있다. 리더가 아니더라도 늘 상대방의 말을 경청하는 사람이 되자. 서점에 가봐도 경청에 대한 책도 많이 있고 우리가 어릴 때부터 많이 듣던 말도 "상대방의 말을 잘 경청하자"였지만 실제로 실천하는 사람은 많이 볼 수가 없다. 리더는 직원의 말을, 직원은 리더의 말을 경청할 때만이 좀 더 발전적인 조직을 만들 수 있다.

18 리더가 생각한 답이 있으면 그 답을 말해줘라

> 잘 된 일은 직원에게 공을 돌리고 책임은 리더가 지자.

　조직에서 어떤 해결해야 할 문제가 생겼을 때 리더는 '이번 일을 어떻게 해결해야겠구나.'라고 혼자만의 생각으로 결정을 해놓고 회의를 소집하는 경우가 있다. 리더가 생각한 결정을 회의라는 절차를 거치지 않고 지시를 하게 되면 리더 혼사 독단직으로 업무를 처리한 것이고 직원들의 의견마저 무시했다는 주변의 시선이 부담스러워 리더의 생각을 먼저 말하지 않고 직원회의를 소집한다. 이런 경우에 회의가 소집되고 직원들에게 의견을 물어보았지만 그 어떤 발언에도 리더가 생각하는 의견이 안 나오는 경우가 있는데 이럴 때 당신이 리더라면 어떻게 하겠는가? 리더 자신이 "이번 일에 대해서 생각해 봤는데 이렇게 하는 것은 어떨까?"하는 의견제시를 하면서 직원들의 동의를 구하겠는가? 아니면 리더가 생각한 의견이 나올 때까지 계속 의견을 물어보면서 회의를 할 것인가?

필자가 본 최악의 리더는 정해진 회의시간 없이 리더 자신이 생각한 의견이 나올 때까지 회의를 한 리더였다. 그렇게 회의를 하다보면 보통 두 시간 정도가 흐르고 직원들이 많이 지친 상태에서 그동안 직원들이 제시한 의견은 뒤로 한 채 결국에는 리더 본인이 생각한 의견을 제시하고 리더의 생각대로 일처리를 확정한다. 그 리더와 근무하면서 회의라는 게 정말 싫어졌던 기억이다. 리더 본인이 생각한 방향은 있고 직원들에게서 원하는 의견이 나오지 않고 있다면 무의미하게 회의시간만을 늦추지 말고 당당하게 리더의 의견을 말하고 직원들의 의견과 본인의 의견을 접목시킬 수 있는 진정으로 소통하는 리더가 되자. 리더의 생각대로 일처리가 된다고 해서 직원들은 독단이라고 생각하지 않는데 리더 자신은 그렇게 결정이 되면 독단이라는 말을 들을 수 있다고 생각해서 회의를 한다는 말을 나중에 들을 수 있었다.

서로 바쁜 현대 사회에서 바쁜 시간을 불필요하게 버리지 말고 리더 자신이 정해놓은 생각이 있으면 처음부터 리더의 의견을 먼저 제시하고 그 의견이 정말 현재 상황에 맞는 일인지 직원들과의 소통을 통해서 좀 더 나은 의견을 도출하는 것이 중요하다. 이렇게 직원들과 소통을 하면서 회의를 해야만 좋은 의견이 도출될 수 있는 것은 당연한 회의결과라고 생각한다.

▶ 책임감이 없고 본인만 생각하는 리더의 특징은 직원들에게 말이 날수 있는 업무는 아래 직원이 일처리를 하게 하고, 생색나는 일에는 리더가 하지 않은 일이라 하더라도 꼭 중간에 나서서 자신이 처리한 것처럼 한다.

좀 더 사려 깊은 리더는 칭찬받을만한 일은 리더가 했더라도 아랫사람의 공으로 돌리고 안 좋은 말을 들을만한 일은 설사 리더가 지시를 하지 않았더라도 결과에 책임을 지려고 하는 리더일 것이다. 같이 근무한 리더 중에는 리더가 처리한 일이 본부 감사에서 잘못처리한 일이라는 결과가 나왔을 때 결코 리더 본인이 하지 않았고 담당팀장이 했다고 주장하여 결국에 팀장에게 책임이 전가된 경우도 있었는데 리더의 그러한 태도는 올바르지 않았다. 결국 그 다음에 직원들은 리더가 어떤 지시를 내리면 이 지시사항이 규정에 위배되는 일은 아닌지를 다시 한번 살피는 계기가 되고 그 리더의 말에는 신뢰가 없어졌다.

어떠한 일이 발생했을 때 우리가 생각하는 진정한 리더는 "그 일은 모두 내가 책임지겠으니 같이 일하는 직원들은 아무런 잘못이 없다."고 말하는 리더일 것이다. 안 좋은 일은 회피하려하고 좋은 일에만 나서려고 하는 리더는 직원들에게 리더의 대접을 받을 수 없을 것이다.

19 잘못을 시인하는 리더가 되자

> "미안합니다, 고맙습니다."라는 말을 잘 사용하는 리더가 되자.

보통 최악의 리더는 잘못을 해도 본인이 무슨 잘못을 했는지 모르는 경우가 많다. 본인은 아무 잘못을 하지 않았는데 직원이 항의 아닌 항의를 한다고 생각하고 마치 리더 자신의 행동은 정당했다는 말만 되풀이하여 직원과의 신뢰가 깨지는 경우를 무수히 보아왔다. 무슨 잘못을 한지도 모르지만 직원이 항의 아닌 항의를 하고 있다면 리더 본인의 행동에 잘못이 없었는지 다시 한번 돌아보는 것이 분명히 필요하다. 아무리 리더라 하더라도 리더 자신이 잘못 한 경우라면 잘못을 시인하고 사과를 할 줄 아는 리더가 되자. 리더도 사람인데 약속을 잊을 수도 있고 일정을 착각해서 잘못된 행동을 할 수 있다. 이런 경우에 여러 가지 변명을 하거나 오히려 리더 자신은 잘못한 행동을 한 적이 없는데 상황이 그렇게 되었다고 큰소리를 친다면 같이 일하는 직원은 그 리더를 어떻게 생각하겠는가?

　예전에 함께한 리더와 다음날 아침 사무실이 아닌 다른 곳으로 회의를 가야하는 일이 생겼는데, 리더와 필자가 차량을 두 대로 움직이는 것보다는 여러 가지 측면에서 한 대로 같이 가는 것이 합리적인 것으로 생각되어 리더와 같이 사무실에서 만나 회의장소로 가기로 한 적이 있었다. 만나는 시간이 오전 7시 반이라서 서둘러서 7시까지 사무실로 출근을 하여 리더를 기다리고 있었는데 7시 반이 되어도 리더를 볼 수 없어서 리더에게 전화를 했더니 리더 먼저 회의장소에 도착해 있으니 알아서 오라는 것이었다. 그래서 "같이 만나서 가기로 해서 저는 사무실에서 기다리는 중인데요" 했더니 리더가 하는 말인즉 "알아서 오면 될 일이지 뭐가 문제냐"고 하는 것이었다.

　필자가 집에서 회의장소로 가려면 조금 늦게 출발을 했어도 되었는데, 사무실에서 지하철로 움직이려고 하니 출근시간대의 만원인 지하철을 두 번 갈아타고 회의 장소로 가야하는 상황이 된 것이다. 이런 경우 리더 본인이 약속을 잊었으면 "만나서 같이 오기로 했는데 잊어버리고 먼저 와버렸다"라고 사실대로 말을 하고 필자에게 회의장소로 오라고 했으면 충분히 이해할 수 있는데 리더 본인은 "오다보니 먼저 오게 되었다"는 말만 되풀이 하는 것이었다. 필자가 상황을 이해 못하는 것도 아니고 단지 그런 상황이면 문자 한 통 해 줄 수도 있고, 잊은 상황이었다면 "날짜가 지나서 약속한 사실을 잊었다네. 미안하네." 라는 리더의 그 한마디면 모든 것이 다 풀릴 텐데, 그 리더는 상대방에 대한 배려도 없을뿐더러 미안하다고 말하는 것을 리더의 권위가 떨어진다고 생각을 했기 때문에 사과는 전혀 없었다. 리더가 본인에 대한 핑계같은 말만하니 직원과의 신뢰가 무너지는 순간이었다.

또 잊혀지지 않는 리더가 있는데 이 리더와 1년을 근무하면서 필자 뿐만 아니라 모든 직원들이 힘들어 했던 리더였다. 이 리더는 굉장히 이기적으로 본인만 생각했고, 본인에게 좋은 말만 하는 직원만 챙겨주었으며, 직원 간 이간질로 직원들 모두가 힘들어하는 리더였다. 참다못해 한 직원이 이 리더를 찾아가서 이러이러한 것은 전 직원의 위화감 조성 및 일하는 직원들의 근무의욕을 떨어뜨리니 조금만 직원들의 입장을 생각해 주면 좋겠다고 하소연을 하니 그 리더는 본인은 그렇게 행동한 적이 없으며, 그렇게 생각하는 직원들이 문제가 있다고 말을 하는 것이었다. 어느 누가 봐도 리더의 잘못이지만 그 리더는 본인의 실수를 전혀 인정하지 않고 오히려 본인에게 좋은 말을 해주는 사람을 미워하기만 한 경우이다. 필자의 오랜 직장생활에서 정말 처음 겪는 힘든 리더였다.

사람은 누구나 실수를 하지 않으려고 하지만 살다 보면 실수를 하는 경우가 있다. 이때 누구나 실수의 책임을 내가 아닌 상대방에게 돌리려고 하는 것은 사람의 본성이라고 생각하지만 이 역시 리더라면 본인의 잘못을 인정하고 직원과 화합하고자 노력하는 것이 중요하다. 특히 우리나라 사람들은 체면과 권위를 중요하게 생각하는 문화가 있어서 실수를 인정하면 리더 본인의 권위가 떨어진다고 생각하기 때문에 인정하기 싫어하는 경우가 많다. 그 순간의 실수를 인정하지 않고 지나갈 수는 있지만 그것은 자신만이 아니라 상대방에게도 고통을 안겨주는 것이다. 리더이든 아니든 잘못한 일이 있으면 사과를 하는 것이 상대방에 대한 예의이고 본인의 인격이다. 그냥 진심어린 말로 "내가 실수를 했네, 고생했지? 미안하게 되었다" 이런 말이 어려운 것일까? 리더가 이런 말을 하면 권위가 무너져버리는 것일까? 지금은 시대가 많이 변해서 "미안합니다"라고 리더가 말을 했다고 권위가 떨어지는 것은 없다. 오히려 리더에 대한 신뢰가 쌓이고 불필요한 리더의 구설수를 막을 수 있으므로 조직뿐만 아니라 리더 자신에게 더 도움이 될 수 있다.

자신의 잘못을 인정하고 책임있게 말을 할 줄 아는 것이 이 시대의 진정한 리더인 것이다. 그래야만 직원들에게 더욱더 신뢰를 받을 수 있으며 조직에서의 인간관계가 더욱 발전적이게 된다. 잘못을 한 사람은 잊을 수가 있지만 그것을 당하는 상대방은 잊지 못하고 계속 생각날 수밖에 없는 것은 사람이기 때문인 것이다.

▶ 요즘시대의 리더들은 "감사합니다, 미안합니다"라는 말에 굉장히 인색하다. 직원이 뭔가 정말 잘했다면 리더로서 감사하다고 말을 할 줄 알고, 리더 자신이 뭔가 잘못했다면 미안하다고 하는 것이 진정으로 어려운 일인가? 직장생활 중 만났던 리더들 대부분의 생각은 '리더는 아래직원에게 감사하다는 말, 미안하다는 말을 한다는 것은 리더로서의 권위가 떨어진다.'라는 생각을 많이 하고 있었다. 하지만 필자가 리더가 되어 직원들에게 고마우면 고맙다고, 미안한 일이 있으면 미안하다고 했을 때 직원들이 더 고마워하고 더 미안해했다. 힘들게 실적을 해줘서 고마웠고, 직원 간 사이 좋게 잘 지내줘서 고마웠고, 뭔가 특별한 실적데이가 있을 때 전 직원이 하나가 되어서 이루어주었을 때 고마웠고, 뭔가 지시를 했을 때 감사한 마음으로 지시사항을 해주었을 때도 늘 고마웠다. 이

렇게 고마울 때는 직원들에게 고맙다는, 감사하다는 메시지를 보내주었고, 카톡으로 커피한잔을 보내주기도 했는데 이런 경우 직원들 역시 매우 고마워 한 것이다.

직원이 잘한 실적도 있고 못한 실적이 있으면 못한 실적에 대해서만 말을 하는 리더도 볼 수 있는데 못한 실적에 대해서만 말을 하는 리더가 되지 말고, 잘한 실적 먼저 진심으로 칭찬해주고 못한 실적에 대해서 좀 더 잘할 수 있도록 격려를 해주어야 직원들이 더 열심히 한다. 같이 근무한 리더는 매번 못한 실적에 대해서만 추궁하고 어떻게 할 것인지 계획서를 내라고 하였는데 이러한 리더의 말과 행동은 결코 더 나은 실적을 장담하지 못한다. 직원도 사람이다 보니 "아니 저 리더는 왜 못한 것만 말하는 거야? 잘한 것에 대한 것도 말을 해야 하는 거 아닌가? 이런 생각을 하게 되고 더 좋은 실적을 내기위해서 더 열심히 하는 것이 아니라 더 포기하는 직원이 되는 경우를 많이 볼 수 있었다.

리더는 잘못을 시인하고 잘한 일은 칭찬하며 직원에게 고마운 일은 고맙다고 말을 할 줄 알아야 한다. 예전에 같이 근무하던 리더는 직원들에게는 절대 잘한다는 말을 하지 않는다고 한다. 이유를 물었더니 직원들에게 잘한다고 하면 그 직원은 정말 잘한다고 생각해서 더 이상의 발전이 없기에 잘하는 일이 있어도 더하라는 말을 했지 잘한다고는 안하던 리더였다. 이 얼마나 어리석은 생각인가? 직원이 잘한 일에 대해선 "잘했다."고 진심어린 칭찬을 하는 리더가 되자.

20 작은 성과에 태도를 바꾸는 리더는 되지 말자

　필자의 직장생활은 직장의 특성상 전국 모든 영업점 실적이 매일 공지가 된다. 어제의 실적과 전체 등수, 오늘의 실적과 전체 등수 등 매일 매일의 영업성과가 공지 되는데 어떤 리더를 보면 도대체 종잡을 수 없는 리더가 있다. 등수가 조금 오르는 날엔 직원들에게 빨리 퇴근하라고 하며 웃는 얼굴을 보이다가 등수가 몇 등이라도 하락하는 날에는 퇴근도 안하면서 얼굴을 붉히고 계속 직원들을 달달 볶는 리더였다. 매일 매일의 등수도 중요하지만 반기성적, 연간성적으로 성과를 결정짓는 상황에 매일의 등수에 따라서 시시각각 변하는 리더는 되지 말자. 직원들이 얼마나 불안해하면서 영업을 하겠는가?

　필자 역시 그런 리더와 같이 일을 하면서 실적이 저조한 날의 마감시간은 얼음판위를 걷는 그런 느낌으로 리더의 기분을 살피곤 했다. 리더는 조직생활의 말과 행동에 일관성이 있어야 한다. 그래야만 리더의 작은 행동에 따라서 직원들의 마음이 불편하지 않다. 등수가 조금 오른 다음날 직원들이 회의를 하는데 그 리더는 "뭐 하러 이렇게 자주 모이는 거야 잘하면 되는 거지" 했었다가, 등수가 조금 떨어진 다음날 직원회의가 없자 큰소리를 치면서 "도대체 하는 일도 없는 직원들이 업무를 어떻게 할까 고민하는 회의도

안한다."면서 큰소리로 중간관리자를 불러서 아침부터 야단을 치는 것이었다. 이렇게 예측할 수 없이 변하는 리더와 함께 있는 직원들은 마음이 얼마나 불편하겠는가? 리더의 말과 행동은 예측이 가능해야 한다. 리더의 행동에 따라 직원들이 마음 편하게 업무에 임할 수도 있고 마음이 불편해서 오히려 영업성과를 올리기가 어려워질 수 있다. 작은 성과에 일일이 대응하면서 변하는 성격의 리더라면 리더 본인의 인격수양이 덜 되었다고 느껴진다. 조직성과를 좀 더 큰 그림으로 보면서 직원들을 리드하고 직원들의 마음까지도 배려하는 리더가 되자.

▶ 직원의 입장에서는 조금 더 주인의식을 가지고 일하는 것이 필요하다. 매일 출근해서 아무런 성과없이 업무만 처리하고 퇴근하는 직원도 가끔 볼 수가 있는데 이런 행동은 본인에게도 직장에게도 바람직하지 않다. 아침에 출근하면서 아무 생각없이 출근하는 것이 아니라 오늘은 이러한 일은 좀 더 심도있게 해보고, 이러한 권유도 해봐야겠다는 마음으로 출근하는 사람과 아무 생각없이 출근하는 사람의 하루성과는 엄청난 차이가 난다.

예전처럼 수기로 업무성과가 나오는 것이 아니고 전산으로 매일매일 체크 되어 오늘의 우수직원이라는 화면으로 전 직원에게 나의 이름을 알릴 수 있는데, 이러한 것에 좀 더 욕심을 갖고 일을 하는 직원이 항상 고마웠고 무엇인가 더 해주고 싶은 마음이 생기는 것은 어느 리더이거나 똑같은 마음일 것이다.

하루하루 목표를 세우고 그 목표를 위해서 노력하는 것이 직장생활에서는 정말 중요한 일이다. 그것이 나의 이름을 알릴 수 있는 계기가 되는 기쁨으로 생각하자. 이렇게 직원들이 자기관리를 하고 직원본인의 이름을 알리는 것이 직장에서는 매우 중요하다. 직장의 특성상 한 곳에 계속 근무하는 것이 아니라 2~3년에 한 번은 영업장이 바뀌는데 인력이 자산이다 보니 인사철이 되면 좋은 직원, 우수한 직원을 데려오기 위해 치열한 눈치작전이 펼쳐진다. 직원들은 본인의 이름을 알리는 것에 조금 더 신경 쓰는 것이 중요하다.

에필로그

저마다의 사람이 인격을 지니고 있듯이 저마다의 리더에게도 리더만의 품격이 있다. 품격이란 단어를 사전으로 찾아보면 '사람된 바탕과 성품'이라고 되어 있다. 즉 그 사람만의 인간 됨됨이라고도 표현할 수 있다. 필자는 인격을 바탕으로 품격이 나올 수 있다고 생각한다. 품격은 타고날 수도 있고 후천적 교육과 바뀌고자 하는 의지로 만들어질 수 있다. 어느 자리에 있는 리더건 직원들이 따르는 품격을 지니는 것이 중요하다. 어느 곳에서나 같이 지내는 리더가 품격을 지닌 사람이라면 직원들의 월요일 출근길은 콧노래를 부르면서 시작할 수 있고 업무가 힘들다 해도 리더의 좋은 기운을 받아서 즐거운 직장생활을 할 수 있을 것이다.

작은 조직의 리더이건, 큰 조직의 리더이건 리더가 갖추어야할 품격을 지니고 조직을 이끄는 것이 매우 중요한 일이다. 어느 조직이나 다양한 리더가 있지만 진정으로 리더의 품격을 지닌 리더는 과연 얼마나 될까? 늘 언행의 일치를 보이고, 직원을 배려하고, 말로만 외치는 것이 아니라 솔선수범으로 행동하고, 직원과 하나가 되고자 진심으로 소통하고, 선입견 없이 직원을 판단할 줄 알고, 리더의 말만 하는 것이 아니라 열린 마음으로 직원의 말을 경청할 줄 아는 사람이 리더의 품격을 지녔다고 생각한다. 감정을 지닌 사람이기에 어려워 보일 수 있지만 스스로 부족한 부분은 채워가려고 노력하려는 것이 중요하다. 리더가 어떻게 성인군자가 될 수 있겠는가? 선한 모든 것을 어찌 다 지닐 수 있겠는가? 한쪽으로 치우치지 않도록 스스로 노력하고 배우고 리더 본인의 품격을 쌓아가는 것도 리더의 길이라 하겠다.

필자의 오랜 직장생활에서 수많은 리더를 보고 느꼈지만 조직원들에게 신뢰를 받는, 그리고 조직원들이 롤모델로 생각하는 리더는 그리 많지 않다. 그것은 어쩜 치열한 조직에서 살아남고자 많은 경쟁을 하다보니 리더의 품격을 찾아가는 시간이 적었다는 생각이다. 필자 역시 리더가 되어서의 시간을 생각해보면 정말 조직원들에게 귀감이 되었을까? 라는 생각을 종종하면서 생활했다. 조직의 성과를 창출하기에는 그것도 단기성과를 창출하기에는 좋은 리더의 성향만으로는 한계가 분명하게 있다. 하지만 조직원과 함께하는 기간이 조금 더 길어진다면 좋은 리더가 장기적으로 성과를 더 창출한다고 생각한다. 왜냐하면 조직원들이 리더를 신뢰하고, 신뢰하는 만큼 성과를 창출하려고 노력하는 것을 볼 수 있기 때문이다.

예전의 리더는 군대의 대장처럼 "나를 따르라!"만 외치면 성과가 날 수 있었던 시절도 분명 있었고 이때의 리더의 자격은 조직을 강하게 통제하는 것이었다. 상하관계가 분명하였고 리더의 말에는 무조건 복종하는 것이 최상이었다. 하지만 현시대의 리더는 무서운 강함보다는 따뜻함으로 즉 리더의 품격을 지니고 조직을 이끌어야만 다양한 세대의 조직원을 이끌고 갈 수 있다.

오랜 시간이 지나면서 조직에도 다양한 변화가 감지되고 있지만 아직도 우리 주변에는 품격을 지니지 못한 리더가 많이 있다. 시대가 변했다고 아니 많은 부분에서 변했지만 사람이 변하지 않아서 조직문화가 더 변화하지 않는다. 조직에 몸담은 사람들이 한사람 한사람 변화해야 전체적인 조직문화가 변화될 수 있지만 오랜 시간을 변화없이 사고하고 생활하면서 리더의 자리에 올랐기에 그 변화의 속도가 늦어진다는 생각이다. 우리의 조직에서 리더를 보면 아직도 실력보다는 나와의 친소관계, 그리고 어떤 의견을 제시했을 때 받아들이기보다는 '직급도 한참 낮은 네가 감히….' 주말을 포기하면서 리더와 같이 지내는 직원이 더 예쁘다고 생각하는, 리더인 내가 말하면 전혀 반대의견을 제시하지 않고 "예"하는 직원이 더 좋다고 생각하는 리더, 리더인 내가 언제든 술먹자고 했을 때 언제든지 "그럼요 당연히 마셔야죠"하는 직원, 등등 이런 직원이 더 좋다고 생각하는 리더들이 아직도 우리 사회에는 많이 있기 때문에 조직이 변하기에는 시간이 더 걸릴 것이다. 이제는 우리 리더가 변해야 한다. 내가 느낀 불공정을 우리의 조직원들이 느끼지 않게 리더 스스로 변해야 조직이 변하고 발전할 수 있다.

　필자는 직장생활기간의 반은 술을 잘 마셨고 반은 술을 전혀 못 마셨다. 술을 마시는 시간 동안의 세평은 "일 잘하고 인간관계 좋은 직원"이었고 술을 못 마실 때의 세평은 "일은 잘하지만 인간관계가 안 좋은 직원"이었다. 앞서 말했지만 원래 술을 마시면 안되는 체질이었는데 술을 먹어도 취하지 않다보니 스스로 '난 술을 잘 마시나 보다.'라고 생각하고 업무가 끝나면 회식하기를 바라면서 술을 많이 먹은 결과 심한 빈혈이 되었을 수도 있었다는 말을 듣고 술을 마시지 않게 되었다. 술을 마시지 않으면서 크게 느낀점은

'직장생활은 술을 안먹는 것보다는 술을 잘 먹는 것이 성공하는 지름길이구나.'라는 것이었다. 하지만 인생 후반기에 술을 먹지 못하면서도 리더로 성공할 수 있었던 것은 좋은 리더를 만나서 가능했고 리더로 발령날 때 직원들이 했던 말은 아직도 잊을 수가 없다.

"내자리에서 최선을 다할 때 조직은 사람을 알아본다는 것을 알았답니다."라는 말이었다. 조직에서는 아직도 리더와 술을 잘먹는 직원의 성공이 있기도 하지만 우리 조직 곳곳에 좋은 리더, 즉 열심히 일하는 직원을 알아봐주고 이끌어주는 리더가 있기에 조직이 변할 수 있다는 믿음이 있다. 이렇듯 직원도 리더를 잘 만나야 한다.

조직에는 여러 부류의 직원이 있는데 대체로 두 부류로 나뉘어진다. 한 부류는 주인의식을 갖고 일하는 직원이다. 주인의 마음으로 일을 한다면 힘든 일도 즐겁게 할 수 있고 어려움에도 '어떻게 하면 잘 극복할 수 있을까?'를 생각하면서 늘 긍정적인 생각으로 생활하는 직원이다. 다른 부류는 종업원 의식으로 일하는 직원이다. 종업원 의식을 갖고 있다면 아침에 출근해서 퇴근할 때까지 일을 찾아서 하는 것이 아니라 어쩔 수없이 해야하는 일만 하고 조금만 어려워도 '힘들어서 못하겠다.'라는 생각으로 힘들게 직장생활을 하는 직원이다.

우리 직원들에게 꼭 부탁하고 싶다. 직장생활이지만 이 직장의 주인처럼, 사장처럼 생각하고 행동한다면 좀더 즐거운 직장생활이 될 수 있고 성과도 많이 올릴 수 있다. 물론 직장생활이 쉽지만은 않다. 옆 동료가 맘에 안들어서 마음고생하는 직원도 있고, 실적이 저조해서 마음고생하는 직원도 많다. 그렇지만 이런 생각을 한다는 것은 그만큼 직장을 사랑하는 것이고 주인의식을 갖고 있다는 증거이다. 아무 생각없이 시계추처럼, 다람쥐가 쳇바퀴 돌 듯이 출퇴근하지말고 내가 주인이라는 생각으로 생활하자.

　마음을 조금만 바꾸어도 생활이 즐거워지고 남들이 싫어하는 월요일이 즐거워질 것이다. 스텝을 추면서까지 출근할 수는 없겠지만 적어도 월요일이 없으면 좋겠다는 생각까지는 하지 않을 것이다. 직장생활을 통해서 꿈을 이루고, 직장에서 주인이 된다는 생각으로 생활한다면 표정도 호감형이 될 것이고, 즐거운 날들이 될 것이다. 사람은 저마다 마음 한켠에 아픔을 지니고 살아가고 있다. 어느 누가 아픈 상처가 없겠는가? 그럼에도 불구하고 즐거운 직장생활이 될 수 있도록 도전해보자. 직장의 주인은 분명 나 자신인 것이다. 그 누구도 대신 해줄 수 없는 나 자신의 삶의 일부며 전부인 것이다. 직장생활이지만 늘 발전하는 나로 인해서 발전하는 조직이 될 수 있도록 하자.

리더의 품격

발행일 : 2021년 4월 1일

지은이 : 박미선
펴낸이 : 김일규
펴낸곳 : 열린북

등록 제2-4029호
서울시 중구 삼일대로 12길 22-1 동진빌딩 302호
전　화 : 02-2285-4230
팩　스 : 02-2264-7944
이메일 : kimig12@hanmail.net

ISBN 979-11-88828-02-9

* 이 책은 저작권에 의해 보호받는 저작물이므로 무단 전재와 복제는 법으로 금지되어 있습니다.